Geldsparprogramm
Privathaushalte

Manfred Hildebrand hat während seiner beruflichen Laufbahn in einem großen Unternehmen vielfältige Führungsaufgaben wahrgenommen. Unter anderem hat er große Produktionseinheiten geleitet. Er hat in dieser Zeit viele interessante und effiziente Methoden kennengelernt, mit denen Unternehmen ihre Wettbewerbsfaktoren und ihre Wettbewerbsfähigkeit kontinuierlich verbessern. Er ist überzeugt, dass diese erfolgreichen Methoden, in etwas abgewandelter Form, auch für Privathaushalte sehr wertvoll sind. Haushalte können durch Anwendung dieser Methoden viel Geld sparen.

Manfred Hildebrand

Geldsparprogramm
Privathaushalte

Von Profis lernen!
So sparen Sie über 10% Ihrer Ausgaben!

*Bibliografische Information der Deutschen Nationalbibliothek:
Die Deutsche Nationalbibliothek verzeichnet diese Publikation in der
Deutschen Nationalbibliografie; detaillierte bibliografische Daten sind
im Internet über http://dnd.dnd.de abrufbar.*

© 2021 Manfred Hildebrand, Nonnenbrunnen 6, 96279 Weidhausen

Dieses Buch und alle seine Teile sind urheberrechtlich geschützt. Jede Verwertung ist unzulässig. Das gilt insbesondere für Vervielfältigungen, Übersetzungen, Mikroverfilmung und die Einspeicherung und Verarbeitung in elektronischen Systemen.

Herstellung und Verlag:
BoD – Books on Demand, Norderstedt
ISBN 978-3-7392-5841-6

Inhaltsverzeichnis

Vorwort	7
Von Profis lernen	9
Gesunde Ernährung	16
Visuelle Lagerhaltung	19
Ständige Verbesserung	21
Benchmarking	24
Budgetplanung	26
Haushaltsbuch	33
Sparpotenziale Wohnen	35
Sparpotenziale Einkauf	45
Sparpotenziale Mobilität	57
Sparpotenziale Kommunikation	61
Sparpotenziale Persönliche Ausstattung	64
Sparpotenziale Versicherungen	66
Sparpotenziale Freizeit	69
Bewertung Geldsparprogramm	71
Setzen Sie sich motivierende Ziele	73
Investieren Sie in Ihre Zukunft	77
Schlusswort	79

Private Haushalte sind durchaus mit kleinen Unternehmen und Betrieben vergleichbar. Auch der Erfolg von Privathaushalten wird zum Beispiel stark vom Einkauf beeinflusst. Der Familienalltag unterscheidet sich wenig vom Alltag in einem Wirtschaftsunternehmen. Auch ein Privathaushalt braucht Management, damit das Familienbudget geregelt, der Einkauf organisiert, die Lagerhaltung optimiert und Kosten kontrolliert werden. Privathaushalte können einiges von erfolgreichen Unternehmen und Betrieben lernen. Der Untertitel dieses Buches: »Von Profis lernen!«, soll dies verdeutlichen.

Vorwort

Der Erfolg von Unternehmen und Betrieben wird sehr stark von Innovationen und der systematischen Verbesserung der Wettbewerbsfaktoren geprägt. Die kontinuierliche Optimierung aller Unternehmensprozesse und die stetige Überprüfung und Reduzierung der Kosten beeinflussen diesen Verbesserungsprozess erheblich und nachhaltig. Die viel zitierte Aussage: *„Im Einkauf liegt der Gewinn",* verdeutlicht, wie stark der Unternehmenserfolg auch von einem guten Einkauf abhängt. Mit verschiedenen Strategien und zielgerichteten Programmen werden Kosteneinsparungen beim Einkauf realisiert. Alle Mitarbeiter beteiligen sich systematisch und kontinuierlich bei der Verbesserung der Wettbewerbsfähigkeit.

Private Haushalte sind durchaus mit kleinen Unternehmen und Betrieben vergleichbar. Auch der Erfolg von Privathaushalten wird zum Beispiel stark vom Einkauf beeinflusst. Der Familienalltag unterscheidet sich wenig vom Alltag in einem Wirtschaftsunternehmen. Auch ein Privathaushalt braucht Management, damit das Familienbudget geregelt, der Einkauf organisiert, die Lagerhaltung optimiert und Kosten kontrolliert und gesenkt werden. Privathaushalte können einiges von erfolgreichen Unternehmen und Betrieben lernen. Der Untertitel dieses Buches: »Von Profis lernen!«, soll dies verdeutlichen.

Auch in Privathaushalten braucht man Strategien, Methoden und Programme, um erfolgreich zu wirtschaften. Solche Strategien und Methoden, die von erfolgreichen Unternehmensstrategien abgeleitet sind, werden in diesem Buch beschrieben. Wenn Sie diese Strategien, Methoden und Programme sowie die genannten Sparpotenziale beachten und nutzen, werden Sie in Ihrem »Haushaltsunternehmen« Erfolg haben.

Für unsere Gesellschaft sind erfolgreiche und wettbewerbsfähige Unternehmen sehr wichtig. Nicht nur wegen der Arbeitsplätze. Genauso wichtig sind jedoch erfolgreiche Familien und private Haushalte. Von vielen Politikern wird immer wieder zurecht darauf hingewiesen, dass gesunde und erfolgreiche Familien und Haushalte unserer Gesellschaft die notwendige Stabilität geben.

Der Erfolg von Familien und Haushalten wird genau wie der Erfolg von Unternehmen sehr stark von der Zusammenarbeit und dem Arbeitsklima beeinflusst. Auch in Haushalten ist es wichtig, möglichst alle Haushaltsmitglieder in das Haushaltsmanagement einzubinden. Dafür braucht man aber, wie in Unternehmen, gute Strategien und Instrumente.

Dieses Buch soll verdeutlichen, wie vielseitig, anspruchsvoll und wertvoll Haushaltsmanagement ist. Die wichtige Aufgabe der Haushaltsmanagerin bzw. in wenigen Fällen des Haushaltsmanagers wird oft nicht ausreichend anerkannt und gewürdigt. Wenn dieses Buch mithilft, diese oft nicht ausreichende Anerkennung und Würdigung zu fördern, würde ich mich sehr darüber freuen. Dieses Buch soll auch mithelfen, gesunde und erfolgreiche Familien und Haushalte zu realisieren.

Liebe Leserin, lieber Leser, ich wünsche Ihnen und auch Ihren Haushalts- und Familienmitglieder viel Freude und viele Anregungen beim Lesen dieses Buches. Ich wünsche Ihnen viel Gesundheit, Lebensfreude und Lebenszufriedenheit und ich wünsche Ihnen auch, dass Sie mit Ihrem Einkommen immer gut auskommen.

Ihr Manfred Hildebrand

Von Profis lernen

Unter dem Aspekt der Globalisierung müssen Unternehmen und Betriebe innovative Produkte anbieten und systematisch ihre Produktivität steigern, um wettbewerbsfähig zu sein und zu bleiben. Mit vielfältigen Strategien und Verbesserungsprogrammen sichern Wirtschaftsunternehmen ihre Wettbewerbsfähigkeit. Im Folgenden werden einige dieser erfolgreichen Strategien und Programme beschrieben. In etwas abgewandelter Form sind diese Strategien und Programme auch für private Haushalte sehr wertvoll.

Plattformstrategie

Diese Strategie ist auch als Modulstrategie zum Beispiel in der Automobilindustrie und in vielen anderen Produktbereichen bekannt. Die Plattformstrategie ist ein strategisches Instrument der Unternehmensführung. Mit dieser Strategie werden Baugruppen und Bauteile standardisiert. Bei unterschiedlichen Automodellen oder Produktmodellen, die sich im Äußeren teilweise stark unterscheiden, werden die gleichen Plattformen bzw. Module verwendet. Mit dieser Strategie werden die Anzahl der Bauteile deutlich verringert und die Produktentwicklungskosten sowie die Fertigungskosten reduziert. Das wirkt sich sehr positiv auf Produktivitätskennzahlen aus und sichert die Wettbewerbsfähigkeit. Trotz dieser Plattformstrategie sind dem Design der Endprodukte keine wesentlichen Grenzen gesetzt. Die Unterscheidungsmerkmale der unterschiedlichen Modellreihen und Produktvarianten bleiben erhalten.

Von Profis lernen: Die Plattformstrategie können Sie in Ihrem Haushalt ganz gezielt bei der Ernährung anwenden. Die Grundnahrungsmittel Kartoffeln, Reis, Nudeln usw. sind Ihre Plattformen. Diese Plattformen sollten Sie auch standardisieren, um mit möglichst wenig Plattformen auszukommen. Ist es zum Beispiel notwendig eine Vielzahl unterschiedlicher Reis- bzw. Nudelsorten zu haben? Selbst mit wenig Sorten können Sie sehr unterschiedliche und abwechslungsreiche Gerichte erzeugen. Die wesentlichen Vorteile dieser Strategie sind: weniger Einkaufsprodukte, geringere Vorratshaltung und reduzierter Lagerraum.

Gleichteilestrategie

Auch diese Strategie hat das Ziel, die Anzahl der Bauteile und auch der Einkaufsteile deutlich zu reduzieren. Bei allen Produkten eines Unternehmens wird geprüft, ob Einzelteile, die sich teilweise nur wenig unterscheiden, nicht vereinheitlicht werden können. Durch diese Gleichteilestrategie wird die Anzahl der Einzelteile um teilweise über 30 Prozent verringert. Mit dieser Strategie werden die Produktkosten, die Einkaufskosten und die Gesamtkosten des Unternehmens weiter reduziert.

Von Profis lernen: Mit der Gleichteilestrategie können Sie in Ihrem Haushalt und hier wieder vor allem bei Ihrer Ernährung alle aktuellen Produkte auflisten. Wenn Sie sich ganz bewusst eine gewisse Beschränkung auferlegen, können Sie zusammen mit einer Standardisierung der Produkte, die Anzahl Ihrer Einkaufsprodukte deutlich reduzieren. Die Umsetzung dieser Strategie bringt Ihnen weitere Vorteile hinsichtlich Vorratshaltung und benötigten Lagerraum.

Die Reduzierung der Produktanzahl wird sich bei Ihren Ausgaben für Nahrungsmittel positiv auswirken. Sie können zum Beispiel Sonderangebote wesentlich gezielter nutzen.

Kanban-System

Kanban ist eine Methode der Produktionssteuerung. Der Name kommt aus dem Japanischen. „Kan" bedeutet „Karte" und „ban" bedeutet „Signal". Das Kanban-System wurde 1947 in Japan von Taiichi Ohno entwickelt. Der Grund hierfür war die ungenügende Produktivität von Toyota im Vergleich zu amerikanischen Konkurrenten. Ohno beschrieb die Idee so: *„Es müsste doch möglich sein, den Materialfluss in der Produktion nach dem Supermarkt-Prinzip zu organisieren, das heißt, ein Verbraucher entnimmt aus dem Regal eine Ware, die Lücke wird bemerkt und wieder aufgefüllt."* Mit dem Kanban-System wird der innerbetriebliche Materialfluss und die Lagerhaltung in den einzelnen Produktionsstufen visualisiert. Die wichtigsten Ziele des Kanban-Systems sind: Reduzierung von Lagerbeständen und damit Reduzierung von Kapitalbindung sowie die Erhöhung der Flexibilität. Bei diesem System erkennt jeder am Produktionsprozess beteiligter Mitarbeiter das Zusammenwirken von Materialfluss und Lagerhaltung. Mit diesem Wissen können alle Mitarbeiter sehr gezielt Verbesserungsmöglichkeiten beim Materialfluss und bei der Lagerhaltung erkennen und deren Realisierung anstoßen.

Von Profis lernen: In Abwandlung der Beschreibung des Kanban-Systems durch Taiichi Ohno behaupte ich: *„Es ist möglich, die Lagerhaltung von Einkaufsprodukten nach dem Supermarkt-Prinzip zu organisieren, das heißt, ein Haushaltsmitglied entnimmt aus dem Regal, Küchenschrank oder dem Kühlschrank ein Produkt, die Lücke wird bemerkt und wieder aufgefüllt."* Wenn Sie Ihre Einkaufsprodukte standardisiert und reduziert haben, können Sie den verbleibenden Produkte einen bestimmten Lagerplatz zuweisen. Durch diese visualisierte Lagerhaltung erkennen Sie sehr einfach, welche Produkte nachgekauft werden müssen. Wie Sie diese Strategie im Detail umsetzen können und welche weiteren Vorteile sich ergeben, wird im Kapitel »Visuelle Lagerhaltung« beschrieben.

Benchmarking

Benchmarking bezeichnet eine Managementmethode, mit der sich durch gezielte interne und externe Vergleiche Verbesserungsmöglichkeiten herausfinden lassen. Das englische Wort Benchmark bedeutet hier »Maßstab«. Benchmarking für Unternehmen ist ein systematischer und kontinuierlicher Prozess des Vergleichens von Produkten und Prozessen. Bei einem externen Benchmarking vergleicht sich ein Unternehmen zum Beispiel mit dem besten Konkurrenten. Mithilfe des internen Benchmarking werden einzelne Unternehmensbereiche oder Abteilungen miteinander verglichen. Durch den Vergleich mit anderen wird ein systematischer Lernprozess im Unternehmen angestoßen, der das eigene Leistungsvermögen weiterentwickelt. Benchmarking ist eine sehr effektive Methode, um von den Besten zu lernen.

Von Profis lernen: Die Strategie des Benchmarkings bzw. die Strategie des Vergleichens können Sie auch in Ihrem Haushalt nutzen. In Gesprächen mit Freunden und Bekannten können Sie sich zum Beispiel informieren und vergleichen hinsichtlich Ausgaben für die Ernährung, für das Wohnen, für das Auto, für Telefon, für Versicherungen usw. Sie können Ihre Ausgaben auch mit Referenzbudgets vergleichen. Alle fünf Jahre führt das Statistische Bundesamt eine Befragung bei ca. 55.000 Haushalten durch. Die Deutsche

Gesellschaft für Hauswirtschaft (dgh) erstellt unter Verwendung dieses Datenmaterials Referenzbudgets für Deutschland. Wie Sie Benchmarking in Ihrem Haushalt gezielt und erfolgreich nutzen können, wird im Kapitel »Benchmarking« erläutert.

Kontinuierliche Verbesserung

Unter der japanischen Bezeichnung »Kaizen« und dem deutschen Begriff »Kontinuierlicher Verbesserungsprozess (KVP)« werden in Wirtschaftsunternehmen ständige Verbesserungen in allen Unternehmensbereichen und auf allen Unternehmensebenen durchgeführt. Die japanische Bezeichnung »Kaizen« bedeutet Veränderung zum Besseren und drückt das Streben nach ständiger Verbesserung aus. Mit dem »Kontinuierlichen Verbesserungsprozess« werden die Produkte und Prozesse und damit die Wettbewerbsfähigkeit des Unternehmens nachhaltig verbessert. Dies geschieht durch kleine, aber stetige Verbesserungen. Konkrete Verbesserungsvorschläge werden von einzelnen Mitarbeitern oder ganzen Teams erarbeitet, die meist auch zur direkten Umsetzung ihrer Ideen ermächtigt werden. Basis und wichtige Voraussetzung für diesen »Kontinuierlichen Verbesserungsprozess« ist eine Unternehmenskultur, bei der die Mitwirkung aller Mitarbeiter gewünscht und gefördert wird.

Viele erfolgreiche Unternehmen haben ein »Betriebliches Vorschlagswesen«. Im Rahmen dieses Vorschlagswesens können Mitarbeiter Verbesserungsvorschläge einreichen und erhalten unter bestimmten Voraussetzungen einen Teil der dadurch erzielten Einsparungen als Prämie ausgeschüttet. Solche Verbesserungsvorschlagswesen motivieren alle Mitarbeiter zusätzlich ihre Ideen zum Nutzen des Unternehmens und zu ihrem eigenen Nutzen einzubringen.

Von Profis lernen: Mit der Strategie des »Kontinuierlichen Verbesserungsprozesses« können Sie auch in Ihrem Haushalt durch kleine, aber stetige Verbesserungen bei allen Ausgabenbereichen Ihres Haushalts Sparpotenziale realisieren. Alle Haushaltsmitglieder, ab einem Alter von zum Beispiel 10 Jahren sollten bei diesem Verbesserungsprozess eingebunden werden. Wie diese Strategie in Ihrem Haushalt erfolgreich umgesetzt werden kann, wird im Kapitel »Ständige Verbesserungen« beschrieben.

Betriebliche Gesundheitsförderung

Ein wichtiges und tragfähiges Fundament für den Unternehmenserfolg sind gesunde Führungskräfte und Mitarbeiter, die täglich motiviert sind, ihre Aufgaben wahrzunehmen. Wer nicht gesund und fit ist, wird diese Motivation kaum zeigen können. Die Gesundheit und Fitness der Geschäftsleitung, Führungskräfte und Mitarbeiter ist das größte Kapital des Unternehmens. Viele Unternehmen fördern ganz gezielt im Rahmen einer »betrieblichen Gesundheitsförderung« bzw. eines »betrieblichen Gesundheitsmanagements« die Gesundheit und Fitness ihrer Führungskräfte und Mitarbeiter. Unternehmen investieren in die Gesundheit und Fitness ihrer Beschäftigten, da sie wissen, dass nur gesunde Mitarbeiter produktiv arbeiten und motiviert, zuverlässig und ideenreich sind. Alle Beschäftigten sollen für eine gesundheitsfördernde Lebenseinstellung und Lebensweise sensibilisiert werden, damit sie bewusst Erkrankungen und Leistungsbeeinträchtigungen vermeiden.

Von Profis lernen: In welcher Form Sie bei diesem Punkt in Ihrem Haushalt von Profis lernen können, wird im Rahmen des nächsten Punktes beschrieben.

Verhaltenskodex

Neben gesunden Führungskräften und Mitarbeitern wird der Erfolg von Unternehmen auch vom Arbeitsklima und der Zusammenarbeit stark beeinflusst. Eine gute Zusammenarbeit und ein gutes Arbeitsklima werden von Respekt, Vertrauen und Wertschätzung im Umgang miteinander geprägt. Um eine gute Zusammenarbeit und ein gutes Arbeitsklima zu unterstützen, gibt es in vielen Unternehmen einen Verhaltenskodex oder auch Führungs- und Verhaltensregeln. Mit so einem Verhaltenskodex will man einen offenen, vertrauensvollen und wertschätzenden Umgang miteinander realisieren. Probleme, Unstimmigkeiten und heftige Diskussionen gehören zum Alltag eines Unternehmens. Unstimmigkeiten werden erst schlimm, wenn sie zu Konflikten eskalieren und womöglich unter den Teppich gekehrt werden. Damit sind sie nämlich nicht verschwunden, sondern brodeln weiter und schaden dem Unternehmen. Die Gefahr ist groß, dass man sich gegenseitig kritisiert, beschuldigt oder auch beleidigt.

Von Profis lernen: Die Strategie der »betrieblichen Gesundheitsförderung« ist auch für Ihre Familie und Ihren Haushalt sehr wertvoll. Auch Sie möchten, dass in Ihrem Haushalt und in Ihrer Familie alle Familienmitglieder gesund und fit sind und bleiben. Nutzen Sie für Ihre »betriebliche Gesundheitsförderung« die Gesundheitsmethode KOMPASS fürs LEBEN. Die Gesundheitsmethode KOMPASS fürs LEBEN ist im Zusammenwirken mit dem TopFitComm Resilienztraining die zur Zeit wohl beste ganzheitlich orientierte Gesundheitsmethode, die neben körperlichen Aktivitäten für die Stärkung der physischen Gesundheit **auch schwerpunktmäßig** ein Trainingsprogramm für die Verbesserung der mentalen und psychischen Gesundheit beinhaltet. Bei der Gesundheitsmethode KOMPASS fürs LEBEN wirken Bewusstsein, Verhalten, Bewegung, Entspannung und Ernährung zusammen. Mit dieser neuen und innovativen Gesundheitsmethode können Sie Ihre Widerstandsfähigkeit gegen Stress, Burnout, Depression und Demenz stärken sowie Ihre Konzentrationsfähigkeit und Gedächtnisleistung verbessern. Mit der Gesundheitsmethode KOMPASS fürs LEBEN können Sie und Ihre Familienmitglieder ihre Gesundheit immer mehr in Richtung des Gesundheitspols verschieben. Sie werden sich den Problemen und Herausforderungen des Alltags besser gewachsen fühlen.

Und genau wie Unternehmen, wünschen Sie sich auch eine gute Zusammenarbeit sowie ein gutes Arbeitsklima in Ihrem Haushalt. Konflikte wollen auch Sie in Ihrem Haushalt vermeiden bzw. auf ein Minimum reduzieren. Mit der Gesundheitsmethode KOMPASS fürs LEBEN bekommem Sie einen Verhaltenskodex bzw. Verhaltensregel für ein gutes und stressfreies Miteinander in Ihrer Familie, mit Toleranz und gegenseitigem Respekt. Das Familienleben wird harmonischer und nachhaltig besser. Davon profitiert auch das Immunsystem. Wissenschaftliche Untersuchungen haben gezeigt, dass eine harmonische und glückliche Ehe das Immunsystem stärkt. Mit der Gesundheitsmethode KOMPASS fürs LEBEN wird auch das Zusammenleben von Großeltern, Kindern und Enkelkindern gefördert.

Diese neue, innovative und ganzheitlich orientierte Gesundheitsmethode ist in dem Buch »Gesundheitsmethode KOMPASS fürs LEBEN« detailliert beschrieben und erläutert. Siehe hierzu auch Website www.kompass-fuers-leben.de.

Verhaltenskodex
Beispiel

Ziel unseres Verhaltenskodex ist die Realisierung eines guten und stressfreieren Miteinanders und die Realisierung und Erhaltung einer offenen, vertrauensvollen und wertschätzenden Zusammenarbeit in unserer Familie.

Dieses Ziel wollen wir mit den Verhaltensregeln der Gesundheitsmethode KOMPASS fürs LEBEN erreichen.

Wir verpflichten uns alle, die folgenden Verhaltensregeln zu beachten und umzusetzen.

Warum es für jede Einzelne und jeden Einzelnen von uns so wichtig ist, diese Verhaltensregeln zu beachten, ist in dem Buch »Gesundheitsmethode KOMPASS fürs LEBEN« detailliert beschrieben.

Ich beachte wichtige Verhaltenskräfte

Die Kraft der Toleranz
Die Kraft der Verarbeitung
Die Kraft, Probleme anzunehmen
Die Kraft, zusammenzuarbeiten
Die Kraft, zu unterscheiden
Die Kraft des Lachens
Die Kraft, einen Schlusspunkt zu setzen
Die Kraft, in die Stille zu gehen

Ich beachte wichtige Verhaltensgrundsätze

Ich akzeptiere und achte andere wie mich selbst
Ich sehe die Fähigkeiten und Stärken der anderen
Ich löse mich von meinen Erwartungen
Ich beschuldige und beleidige andere nicht
Ich bin losgelöster, neutraler Beobachter
Ich brauche mich nicht zu verteidigen
Ich brauche mich nicht zu ärgern
Ich genieße den Augenblick

Ort und Datum

Unterschriften

Gesunde Ernährung

Nur wenn Sie das Richtige essen, ist Ihre Nahrung Lebenskraft für Ihren Körper, Geist und Ihre Seele. Wie lässt sich eine gesunde Ernährung in Ihrem Alltag umsetzen? Sie brauchen keine ausgefeilten Ernährungspläne zu studieren. Bereits mit einfachen Tipps ist es möglich, sich gesund und vollwertig zu ernähren.

Eine vollwertige Ernährung ist entsprechend der Deutschen Gesellschaft für Ernährung (DGE) im Grunde genommen ganz einfach. Mit 10 Regeln werden Ihnen ganz konkrete Tipps und Empfehlungen an die Hand gegeben, die sich leicht umsetzen lassen. Mit den 10 Regeln der DGE essen Sie ausgewogen und ernähren sich auf lange Sicht gesundheitsbewusst. Sie können Ihre Ernährung auch mit den DGE-Regeln nach Ihren persönlichen Vorlieben gestalten und beispielsweise Ihre Lieblingslebensmittel berücksichtigen. Denn die Menge und die Zusammenstellung sind entscheidend.

Vollwertig essen und trinken nach den 10 Regeln der DGE:

1. Vielseitig essen

Genießen Sie die Lebensmittelvielfalt. Merkmale einer ausgewogenen Ernährung sind abwechslungsreiche Auswahl, geeignete Kombination und angemessene Menge nährstoffreicher und energiearmer Lebensmittel.

2. Reichlich Getreideprodukte – und Kartoffeln

Brot, Nudeln, Reis, Getreideflocken, am besten aus Vollkorn, sowie Kartoffeln enthalten kaum Fett, aber reichlich Vitamine, Mineralstoffe sowie Ballaststoffe und sekundäre Pflanzenstoffe. Verzehren Sie diese Lebensmittel mit möglichst fettarmen Zutaten.

3. Gemüse und Obst – Nimm „5 am Tag" ...

Genießen Sie 5 Portionen Gemüse und Obst am Tag, möglichst frisch, nur kurz gegart, oder auch eine Portion Saft – idealerweise zu jeder Hauptmahlzeit und auch als Zwischenmahlzeit. Damit werden Sie reichlich mit Vitaminen, Mineralstoffen sowie Ballaststoffen und sekundären Pflanzenstoffen (z. B. Cartinoiden, Flavonoiden) versorgt.

4. Täglich Milchprodukte, regelmäßig Fisch, wenig Wurst

Diese Lebensmittel enthalten wertvolle Nährstoffe, wie z. B. Kalzium in Milch, Jod, Selen und Omega-3-Fettsäure in Seefisch. Fleisch ist Lieferant von Mineralstoffen und Vitaminen (B_1, B_6 und B_{12}). Mehr als 300 bis 600 Gramm Fleisch und Wurst pro Woche sollten es nicht sein. Bevorzugen Sie fettarme Produkte bei Fleischerzeugnissen und Milchprodukten.

5. Wenig Fett und fettreiche Lebensmittel

Fett liefert lebensnotwendige Fettsäuren und fetthaltige Lebensmittel enthalten auch fettlösliche Vitamine. Fett ist besonders energiereich, daher kann zu viel Nahrungsfett Übergewicht fördern. Zu viele gesättigte Fettsäuren erhöhen das Risiko für Fettstoffwechselstörungen mit der möglichen Folge von Herz-Kreislauf-Erkrankungen. Bevorzugen Sie pflanzliche Öle und Fette (z. B. Raps- und Sojaöl und daraus hergestellte Streichfette). Achten Sie auf unsichtbares Fett, das in Fleischerzeugnissen, Milchprodukten, Gebäck und Süßwaren sowie in Fast Food und Fertigprodukten meist enthalten ist. Insgesamt 60 bis 80 Gramm Fett pro Tag reichen aus.

6. Zucker und Salz in Maßen

Verzehren Sie Zucker und Lebensmittel bzw. Getränke, die mit verschiedenen Zuckerarten (z. B. Glucosesirup) hergestellt wurden, nur gelegentlich. Würzen Sie kreativ mit Kräutern und Gewürzen und wenig Salz. Verwenden Sie Salz mit Jod und Fluorid.

7. Reichlich Flüssigkeit

Wasser ist absolut lebensnotwendig. Trinken Sie rund 1,5 Liter Flüssigkeit jeden Tag. Bevorzugen Sie Wasser, ohne oder mit Kohlensäure, und andere kalorienarme Getränke. Alkoholische Getränke sollten nur gelegentlich und nur in kleinen Mengen konsumiert werden.

8. Schmackhaft und schonend zubereiten

Garen Sie die jeweiligen Speisen bei möglichst niedrigen Temperaturen, soweit es geht kurz, mit wenig Wasser und wenig Fett – das erhält den natürlichen Geschmack, schont die Nährstoffe und verhindert die Bildung schädlicher Verbindungen. Verwenden Sie möglichst frische Zutaten. So reduzieren Sie überflüssige Verpackungsabfälle.

9. Sich Zeit nehmen und genießen

Bewusstes Essen hilft, richtig zu essen. Auch das Auge isst mit. Lassen Sie sich Zeit beim Essen. Das macht Spaß, regt an, vielseitig zuzugreifen, und fördert das Sättigungsempfinden.

10. Auf das Gewicht achten und in Bewegung bleiben

Zu einem gesunden Lebensstil gehört nicht nur eine ausgewogene Ernährung, sondern auch Bewegung und Ausdauersport. Bauen Sie in den Alltag kleine Spaziergänge ein und machen Sie drei- bis viermal die Woche mindestens eine halbe Stunde Ausdauersport. Das erleichtert, das Gewicht zu halten, und beugt vielen Krankheiten vor. Gehen Sie zum Beispiel öfter einmal zu Fuß oder fahren Sie mit dem Fahrrad. Das fördert Ihre Gesundheit und Fitness und schont auch die Umwelt.

CanStockPhoto.com

Visuelle Lagerhaltung

Die Visuelle Lagerhaltung ist eine sehr wertvolle Basis Ihres Geldsparprogrammes. Im Vorfeld Ihrer Visuellen Lagerhaltung sollten Sie folgende wichtigen Vorarbeiten durchführen:

- Erfassen Sie im Rahmen einer Inventur alle Einkaufsprodukte Ihres Haushaltes, die Sie regelmäßig verbrauchen und wiederbeschaffen.
- Sortieren Sie die aktuellen Einkaufsprodukte nach Nahrungsmittel, Getränke, Genussmittel, Körperpflegemittel, Reinigungsmittel usw.
- Diskutieren und analysieren Sie unter Beachtung der »Plattformstrategie« und der »Gleichteilestrategie« alle aktuellen Einkaufsprodukte zusammen mit Ihren Haushaltsmitgliedern. Das Ziel, die Anzahl Ihrer Einkaufsprodukte deutlich zu verringern steht hier im Vordergrund.
- Legen Sie gemeinsam fest, welche Einkaufsprodukte Sie künftig nicht mehr benötigen.
- Vereinbaren Sie, welche Einkaufsprodukte Sie künftig als Ihre **Standardprodukte** ansehen.

Bei Änderungen und Anpassungen Ihrer Standardprodukte sollten Sie immer darauf achten, dass sich die Anzahl Ihrer Produkte nicht erhöht, sondern eher verringert.

Nach diesen Vorarbeiten können Sie gemeinsam mit Ihren Haushaltsmitgliedern festlegen, wo Sie die einzelnen Einkaufsprodukte künftig bevorraten und lagern wollen. Je nach Struktur Ihres Haushaltes können die einzelnen Produkte zum Beispiel im Vorratsraum, Küchenschrank, Kühlschrank oder auch im Gefrierschrank gelagert werden. Berücksichtigen Sie bei Ihrer Lagerplanung wieder Produktkategorien wie Nahrungsmittel, Getränke, Genussmittel, Körperpflegemittel, Reinigungsmittel usw. Der von Ihnen festgelegte Lagerort sollte konsequent beibehalten werden. Durch die Standardisierung der Lagerorte erleichtern Sie Ihre Einkäufe. Wenn Sie sich vor Ihrem Einkauf die einzelnen Lagerorte ansehen, erkennen Sie sofort, wo Sie was nachkaufen müssen. Nach einiger Zeit wird sich die Struktur Ihrer Bevorratung in Ihrem Gedächtnis einprägen.

Kennzeichnen Sie Ihre Lagerregale mit Schildern »Standardprodukte« und »Sonderprodukte«. Für Sonderprodukte sollten Sie möglichst wenig Lagerfläche reservieren. Sonderprodukte sind zum Beispiel Genussmittel, die Sie nur sporadisch kaufen oder Produkte, die Sie einmal ausprobieren wollen, bevor Sie sie eventuell in Ihr Standardprogramm aufnehmen.

Gedächtnistraining: Nach kurzer Zeit wird sich die Struktur Ihrer Bevorratung nicht nur in Ihrem Gedächtnis, sondern auch in Ihrem Bewusstsein und Unterbewusstsein festsetzen. Sie werden mit der »Visuellen Lagerhaltung« eventuell auf einen Einkaufszettel verzichten können. Denn wenn Sie sich vor Ihrem Einkauf Ihre Lagerflächen ansehen, erkennen Sie sehr einprägsam, was Sie kaufen müssen. Denken Sie dabei an die Feststellung: „*Es ist möglich, die Lagerhaltung von Einkaufsprodukten nach dem Supermarkt-Prinzip zu organisieren, das heißt, ein Haushaltsmitglied entnimmt aus dem Regal, Küchenschrank oder dem Kühlschrank ein Produkt, die Lücke wird bemerkt und wieder aufgefüllt.*" Sie haben bei Ihrem Einkauf Ihre »Visuelle Lagerhaltung« immer vor Augen und kaufen nach kurzer Zeit die notwendigen Produkte ohne die Hilfe eines Einkaufszettels. Dies ist ein effektives und wirksames Gedächtnistraining. Ich bin sicher, dass Ihnen dieses sehr praktische Gedächtnistraining viel Freude machen wird.

Ständige Verbesserung

Mit der Strategie der Ständigen Verbesserung können Sie in Ihrem Haushalt durch viele kleine Verbesserungen viel Geld sparen. Wenn sich Kinder, Jugendliche und Erwachsene bei diesem Verbesserungsprozess beteiligen, hat das viele Vorteile. Bei gemeinsamen Gesprächen lernen alle Haushaltsmitglieder die Ausgabenstruktur Ihres Haushaltes kennen. Solche Gespräche sensibilisieren bereits die Kinder und Jugendlichen in Ihrem Haushalt für die Ausgaben und Ausgabenschwerpunkte. Mit diesem Wissen werden sie sich bei den Ständigen Verbesserungen und bei dem Geldsparprogramm Ihres Haushaltes beteiligen.

Es ist gut, wenn Sie gemeinsam festlegen, wer bei den Ausgabenbe-rei-chen Wohnen, Ernährung, Gesundheitspflege, Hauswirtschaft, Mobilität, Kommunikation, Persönliche Ausstattung, Versicherungen und Freizeit die Federführung hat und damit auch die Ständige Verbesserung in diesen Bereichen vorantreibt. Der jeweilige Verantwortliche kann dann gezielt auch andere Personen bei seinem Verbesserungsprozess einbeziehen. So können auch Kinder und Jugendliche praxisnah beteiligt werden.

Für Ihren Verbesserungsprozess können Sie auch den in Wirtschaftsunternehmen bekannten **P**lan-**D**o-**C**heck-**A**ct-Zyklus (PDCA) anwenden.

Plan / Planen: Erkennen eines Verbesserungspotentials und Planen einer Veränderung und Verbesserung.

Do / Ausführen: Ausprobieren und testen der Verbesserung. Diskussion der Verbesserungsergebnisse mit Ihren Haushaltsmitgliedern.

Check / Überprüfung: Die Wirksamkeit der Verbesserung wird überprüft. Wo notwendig werden Anpassungen vorgenommen.

Act / Anpassen: Die erfolgreiche Verbesserungsmaßnahme wird standardisiert und festgeschrieben. Die Erfahrungen werden genutzt, um weitere Veränderungen und Verbesserungen anzustoßen.

Achten Sie bei diesem nie endenden Verbesserungsprozess darauf, dass sich möglichst viele Haushaltsmitglieder an diesem Prozess beteiligen. Auch Kinder und Jugendliche sollten Verbesserungsmaßnahmen anstoßen. Dadurch wird die gute Zusammenarbeit in der Familie gefördert.

CanStockPhoto.de

Neben dem wiederkehrenden PDCA-Zyklus können Sie in Ihrem Haushalt eine weitere Methode, die in Wirtschaftsunternehmen erfolgreich angewendet wird, für Ihren Verbesserungsprozess nutzen. Die sogenannten »5 S« eignen sich auch in Haushalten hervorragend, um die Ständige Verbesserung systematisch und erfolgreich voranzutreiben.

CanStockPhoto.de

Die 5 S sind nach den Anfangsbuchstaben von fünf japanischen Begriffen benannt. Diese Verbesserungsmethode ist einfach anzuwenden und kann deshalb von allen Haushaltsmitgliedern schnell und erfolgreich genutzt werden. Diese 5 S stehen für:

Seiri – Ordnung schaffen: Schauen Sie sich in Ihrer Küche, Ihrem Zimmer, Ihrem Arbeitsplatz, Ihrem Schreibtisch usw. um. Ist alles an seinem Platz? Finden Sie alles auf Anhieb? Sollten Sie vielleicht das eine oder andere aussortieren und entsorgen?

Seiton – Ordnungsliebe, jeden Gegenstand am richtigen Ort aufbewahren: Machen Sie sich Gedanken über eine sinnvolle und gute Ordnung in Ihrer Küche, in Ihrem Zimmer, an Ihrem Arbeitsplatz bzw. auf Ihrem Schreibtisch. Erhalten Sie diese Ordnung.

Seiso – Sauberkeit: Jetzt gehts ans Putzen. Schwingen Sie vielleicht auch dabei den Staublappen. Halten Sie den Bereich, für den Sie verantwortlich sind, sauber.

Seiketsu – persönlicher Ordnungssinn: Machen Sie Sauberkeit und Ordnung in dem Bereich, für den Sie verantwortlich sind, zum Grundprinzip. Wenden Sie die »Fünf-Minuten-Regel« an. Das bedeutet, dass sich jedes Haushaltsmitglied täglich fünf Minuten Zeit nimmt, um in seinem Verantwortungsbereich wieder die herkömmliche Ordnung herzustellen.

Shitsuke – Selbstdisziplin: Ohne Selbstdisziplin werden schnell wieder Unordnung und vielleicht Chaos herrschen. Für dauerhafte Ordnung und Sauberkeit ist deshalb Selbstdisziplin unabdingbar.

Die Anwendung der 5S-Methode in Ihrem Haushalt wird dazu führen, dass der Sinn und Nutzen von Ordnung und Sauberkeit von allen Haushaltsmitgliedern immer besser erkannt wird. Dies wirkt sich auf die Zusammen-arbeit und das tägliche Miteinander positiv aus. Dieses Instrument unterstützt auch Ihren Verbesserungsprozess in ganz besonderer Weise.

Von Profis lernen: Die geplante Gesamtproduktion eines Automodells ist in der Autoindustrie immer die Basis für mögliche Einsparungen. Aus zum Beispiel 10 Cent Einsparung pro Einkaufsteil werden so oft über 100.000 Euro Gesamteinsparung bei einer Laufzeit des Modells von 5 Jahren. Rechnen auch Sie Ihre potenziellen Einsparungen auf fünf Jahre hoch. Aus kleinen Einsparungen werden große Geldsparbeträge.

Benchmarking

Benchmarking ist eine effiziente Methode, um Ihre Ständige Verbesserung zu unterstützen. Mithilfe von Referenzbudgets können Sie Ihre eigenen Ausgaben überprüfen. Bei welchen Ausgabenbereichen und an welchen Stellen geben Sie mehr aus als der Durchschnitt vergleichbarer Haushalte? Mit diesen Vergleichen können Sie schnell und transparent erkennen, wo Sie noch Einsparpotenziale nutzen können. Benchmarking liefert Ihnen unter anderem folgende Vorteile:

- Anhand der Vergleiche mit den Referenzbudgets und Vergleichs-zahlen können Sie sich herausfordernde und zugleich erreichbare Ziele setzen. Ihre Zielplanung basiert somit auf klare Fakten.
- Ihre Zielplanung und Ihre Kenngrößen (Benchmarks) können Sie als Leitsterne Ihrer Ständigen Verbesserung verwenden.
- Ihr Blick auf Referenzwerte ist zugleich ein Blick nach draußen. Mit diesem Blick können Sie frühzeitig neue Entwicklungen und Einsparmöglichkeiten erkennen.
- Mit den Referenzbudgets und Vergleichszahlen steht Ihnen ein reales Bild zur Verfügung, das Ihnen aufzeigt, was für Sie und Ihrem Haushalt möglich und erreichbar ist.

Mit diesen kontinuierlichen Vergleichen können Sie zu hohe Ausgaben aufdecken und die Ursachen für die zu hohen Ausgaben ermitteln. Folgende Fragen sollten Sie sich dabei beantworten:

- Wie groß ist die Lücke zwischen Ihren Ausgaben und den Ausgaben der Referenzbudgets?
- Warum sind Ihre Ausgaben höher? Hier können Sie gemeinsam mit Ihren Haushaltsmitgliedern bzw. Familienmitgliedern die möglichen Ursachen für diese Mehrausgaben ermitteln.
- Mit welchen Methoden und Maßnahmen werden die geringeren Ausgaben der Vergleichszahlen ermöglicht?
- Wie können Sie die erfolgreichen Methoden und Maßnahmen der Referenzbudgets in Ihrem Haushalt nutzen und damit Ihre Kenngrößen verbessern sowie Geld sparen?

Aufgrund der ermittelten Mehrausgaben und deren Ursachen können Sie wieder gemeinsam mit Ihren Haushaltsmitgliedern mögliche Verbesserungen in Form von Zielen formulieren und festlegen. Beim Umsetzen Ihrer Ziele sollten Sie den systematischen und wiederkehrenden Benchmarking-Ablauf nutzen:

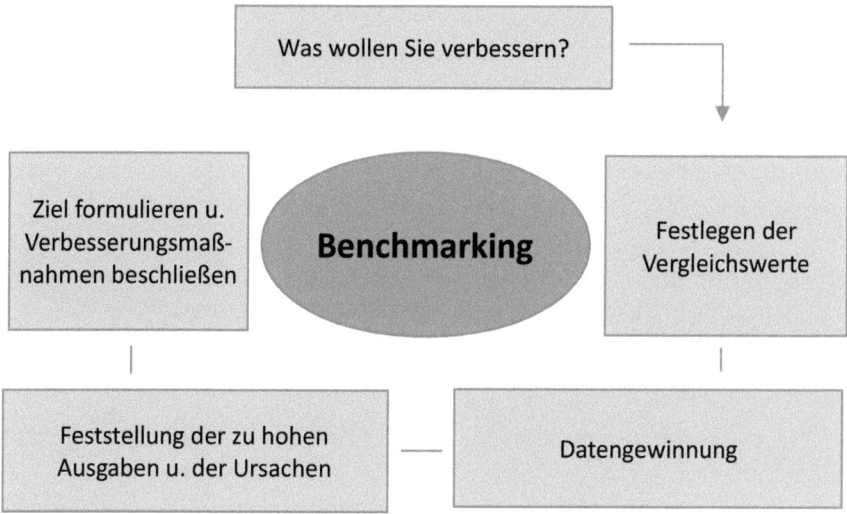

Stimmen Sie alle Ihre Verbesserungsziele möglichst immer mit Ihren Haushaltsmitgliedern ab. Legen Sie gemeinsam fest, wer für die einzelnen Verbesserungsmaßnahmen federführend verantwortlich ist. So erreichen Sie, dass sich alle Haushaltsmitglieder bei Ihren Verbesserungen beteiligen.

Überprüfen Sie regelmäßig den Erfolg Ihrer Maßnahmen anhand Ihrer Kennzahlen. Als Kennzahlen Ihres Benchmarking-Prozesses eignen sich hervorragend Ihre Verbrauchszahlen für Strom, Wasser, Heizung usw. Bei Umsetzungsabweichungen können Sie sofort gegensteuern.

Im Rahmen Ihrer Ständigen Verbesserung und mit Ihrem regelmäßigen Benchmarking werden Sie zahlreiche Verbesserungspotenziale erkennen und umsetzen können. Diese beiden Methoden der Verbesserung stellen den Motor Ihres Geldsparprogramms dar.

Budgetplanung

Mit Ihrer Budgetplanung und Ihrer Budgetanalyse schaffen Sie sich ein wertvolles und tragfähiges finanzielles Fundament für Ihren Haushalt. Denn mit Ihrer detaillierten Planung und Ihrer fundierten Analyse können Sie Ihre Haushaltsfinanzen solide gestalten und sich vielleicht auch Freiräume schaffen, um den einen oder anderen Wunsch zu realisieren. Mit Ihrer Budgetplanung und Budgetanalyse stellen Sie sicher, dass Sie mit Ihrem Einkommen immer gut auskommen.

Grundsätzlich lässt sich jeder Haushalt wie ein kleines Unternehmen führen. In Unternehmen gibt es in der Regel zwei Ansätze, um erfolgreich zu wirtschaften: Entweder werden die Kosten als gegeben angesehen und man versucht, durch die Einnahmen einen Gewinn zu erzielen. Oder man gibt sich ein bestimmtes Gewinnziel vor und versucht, die Kosten bzw. Ausgaben so zu gestalten, dass das Gewinnziel erreicht wird. Bei Ihrem Haushalt sollten Sie sich eher auf die zweite Möglichkeit konzentrieren, da die Einnahmen vielleicht kurz- und mittelfristig nicht veränderbar sind.

Ihre Budgetplanung sollten Sie, so weit sinnvoll, mit allen Haushaltsmitgliedern abstimmen. Auch bei der anschließenden Analyse sollten Sie möglichst alle Haushaltsmitglieder einbeziehen. So erreichen Sie, dass sich auch alle Haushaltsmitglieder an Ihrem Geldsparprogramm aktiv beteiligen.

Einnahmen: Im ersten Schritt Ihrer Budgetplanung ermitteln Sie Ihre Einnahmen. Dazu zählen neben dem Nettolohn oder Nettogehalt auch zum Beispiel Kindergeld, BAföG, Renten, Unterhaltszahlungen und Einnahmen aus Vermögen.

Ausgaben: Im zweiten Schritt erfassen Sie alle festen und veränderbaren Ausgaben. Sortieren Sie Ihre Ausgaben entsprechend Ihren Ausgaben-bereichen Wohnen, Ernährung, Gesundheitspflege, Hauswirtschaft, Mobilität, Kommunikation, Persönliche Ausstattung, Versicherungen und Freizeit. So schaffen Sie sich eine gute Basis für Ihre Budgetanalyse und für Ihren Verbesserungsprozess. Die folgenden Formulare sollen Ihre Budgetplanung und Ihre Budgetanalyse unterstützen. Diese Formulare sollen Ihnen nur beispielhaft zeigen, wie solche Formulare gestaltet werden können. Erstellen Sie eigene Formulare nach Ihren Vorstellungen und Wünschen.

Budgetplanung

TopFitHaushalt

Name: Datum:

Einnahmen in € / Monat | Zeitpunkt

Beschreibung Einnahmen	Datum	Datum	Datum	Datum
Nettogehalt Ehemann				
Nettogehalt Ehefrau				
Kindergeld				
BAföG				
Unterhaltszahlungen				
Elterngeld				
Rente				
Urlaubsgeld u. Sonderzahl.				
Einnahmen aus Vermögen				
Summe				

Budgetplanung

TopFitHaushalt

Name: Datum:

Ausgaben in € / Monat   Blatt 1 von 3

Beschreibung Ausgaben	Betrag J / Hj / Vj / M	Betrag € / Monat	Status f / v	Fälligkeit Monat	Referenz- betrag
Wohnen					
Heizung Gas / Öl					
Heizung Holz					
Strom	M 80	80	v		70
Wasser	Vj 30	10	v	2/5/8/11 BE	8
Abwasser					
Müllabfuhr	Vj 24	8	f	2/5/8/11 BE	7
Heizung Instandhaltung					
Heizung Kaminkehrer					
Grundsteuer					
Ernährung					
Nahrungsmittel					
Getränke					
Genussmittel					
Außer-Haus-Verzehr					
Körperpflege u. Gesundheit					
Körperpflegemittel					
Kosmetika					
Friseur					
Arznei- und Heilmittel					
Hauswirtschaft					
Reinigungsmittel					
Waschmittel					
Hygienemittel					

Budgetplanung

TopFitHaushalt

Name: Datum:

Ausgaben in € / Monat   Blatt 2 von 3

Beschreibung Ausgaben	Betrag J / Hj / Vj / M	Betrag € / Monat	Status f / v	Fälligkeit Monat	Referenz- betrag
Mobilität					
Kraftstoff					
Kfz-Haftpflichtversicherung					
Kfz-Kaskoversicherung					
Kfz-Steuer					
Kundendienst u. Instandhaltung					
Parkgebühren					
Leasingrate / Abschreibung					
Öffentliche Verkehrsmittel					
Sonstiges					
Kommunikation					
Telefon Festnetz					
Telefon Mobil					
Internet					
TV – Kabelanschluss					
GEZ-Gebühren					
Tageszeitung					
Zeitschriften					
Bücher					
Sonstiges					
Persönliche Ausstattung					
Bekleidung					
Schuhe					
Schmuck					
Reinigung					
Sonstiges					

Budgetplanung

TopFitHaushalt

Name: Datum:

Ausgaben in € / Monat   Blatt 3 von 3

Beschreibung Ausgaben	Betrag J / hj / vj	Betrag € / Monat	Status f / v	Fälligkeit J / hj / vj / m	Referenz- betrag
Versicherungen					
Privathaftpflicht					
Hausrat					
Gebäude Feuer					
Gebäude Sturm u. Hagel					
Verkehrsrechtsschutz					
Stationäre Zusatzvers.					
Zahnersatzzusatzvers.					
Pflegezusatzversicherung					
Risikoleben					
Berufsunfähigkeit					
Sonstige Versicherungen					
Freizeit					
Hobby					
Mitgliedsbeiträge Vereine					
Spenden					
Kursgebühren Bildung					
Urlaub u. Reisen					
Sonstiges					
Sonstige Ausgaben					
Bausparen					
Darlehensrückzahlung					
Sonst. Vermögensbildung					
Summe Einnahmen					
Summe Ausgaben					
Saldo					

Für Ihre erste Budgetplanung benötigen Sie nicht viel Zeit. Nehmen Sie Ihre Kontoauszüge, Verträge usw. zur Hand. Dort finden Sie die wesentlichen Informationen über Einnahmen und Ausgaben, die Ihren Budgetrahmen bestimmen. Wenn Sie die Einnahmen und Ausgaben Ihres Haushaltes kennen, können Sie ruhig und gelassen Ihre Zukunft planen. Besprechen Sie gemeinsam mit Ihren Haushaltsmitgliedern Ihre Budgetplanung. So lernen alle die Ausgabenschwerpunkte kennen. Bei diesen Gesprächen können Sie auch Ihre Kinder für Haushaltsausgaben und die Ausgabenschwerpunkte sensibilisieren. Mit diesem Basiswissen werden sich alle Haushalts- bzw. Familienmitglieder intensiver an Ihrem Geldsparprogramm beteiligen. Anhand Ihrer Budgetplanung werden Sie bereits erkennen, bei welchen Ausgabenbereichen Einsparungen möglich sind.

Im Folgenden einige Erläuterungen und Hinweise zum Gebrauch dieser Formulare für Ihre Ausgaben:

Betrag J / Hj / Vj / M: Ihre Ausgaben fallen jährlich, halbjährlich, vierteljährlich oder monatlich an. Kennzeichnen Sie Ihre Ausgabe zum Beispiel mit »J 96«, bezahlen Sie einmal im Jahr 96 €. Diesen Jahresbetrag teilen Sie dann durch zwölf und notieren ihn als Monatsbetrag.

Status f / v: Mit diesem Status kennzeichnen Sie, ob Sie diese Ausgaben als feste oder veränderbare Ausgaben ansehen. Bei Ihrer Budgetanalyse und Ihren Verbesserungsmöglichkeiten bzw. Ihrem Geldsparprogramm stehen Ihre veränderbaren Ausgaben im Vordergrund.

Fälligkeit Monat: In dieser Spalte können Sie dokumentieren, in welchen Monaten diese Ausgaben fällig sind. Weiterhin können Sie vermerken, in welcher Form diese Ausgaben bezahlt werden. Bankeinzug können Sie zum Beispiel mit „BE" kennzeichnen. Sie erkennen, in welchen Monaten Ihre Ausgaben besonders hoch sind. Mit dieser Information können Sie zum Beispiel Ihr Girokonto feinsteuern.

Referenzbetrag: Hier können Sie den Betrag von vergleichbaren Referenzbudgets eintragen. Im Rahmen Ihrer Budgetanalyse erkennen Sie Ihre Einsparpotenziale. Solche Referenzbudget erhalten Sie zum Beispiel von der Deutschen Gesellschaft für Hauswirtschaft (dgh) oder von anderen Organisationen. Nutzen Sie das Internet bei Ihrer Suche nach Referenzbudgets und Vergleichszahlen für Ihren Haushalt.

Budgetanalyse

Nach dem gründlichen Lesen dieses Buches und nach dem Sie Ihre Budgetplanung erstellt haben, beginnen Sie mit Ihrer Budgetanalyse. Diese Analyse sollten Sie gemeinsam mit allen Haushaltsmitgliedern durchführen. Dabei ist folgendes Vorgehen sinnvoll:

Verantwortung festlegen: Legen Sie anhand Ihrer Budgetplanung gemeinsam fest, wer für die einzelnen Ausgabenbereiche Wohnen, Ernährung usw. federführend verantwortlich ist. Innerhalb der Ausgabenbereiche können die Verantwortlichen auch andere Haushaltsmitglieder einbeziehen. Wer für was verantwortlich ist, vermerken Sie in Ihrem Budgetplan. Beziehen Sie ganz bewusst auch Ihre Kinder mit ein.

Budget analysieren: Führen Sie gemeinsam eine erste Analyse Ihres Budget durch. Bei welchen Ausgabenbereichen liegen Sie über dem Referenzwert? Bei welchen Ausgabenschwerpunkten sehen Sie besondere Sparpotenziale?

Geldsparprogramm: Nach Ihrer Budgetanalyse planen Sie erste Maßnahmen Ihres Geldsparprogrammes. Sehen Sie sich die einzelnen Ausgabenbereiche anhand der Sparpotenziale dieses Buches im Detail an. Vereinbaren Sie erste Verbesserungsmaßnahmen. Ihre einzelnen Verbesserungsmaßnahmen sollten Sie mit dem geplanten Einsparbetrag und dem Realisierungstermin dokumentieren.

Erfolgsbewertung: Was haben die einzelnen Verbesserungsmaßnah-men bisher wirklich gebracht? Dies können Sie zum Beispiel alle drei Monate bei gemeinsamen Gesprächen diskutieren. Im Rahmen dieser periodischen Gespräche sollten Sie auch weitere Verbesserungsmaßnahmen im Rahmen Ihres Ständigen Verbesserungsprozesses abstimmen.

Die Budgetanalyse und die wiederkehrenden Gespräche hinsichtlich Erfolgsbewertung und weiteren Verbesserungsmaßnahmen sind ein hervorragendes Mittel um alle Haushaltsmitglieder bei Ihrem Ständigen Verbesserungsprozess und an Ihrem Geldsparprogramm zu beteiligen. Dies wird sich sehr günstig auf Ihre Zusammenarbeit in Ihrer Familie bzw. in Ihrem Haushalt auswirken. Die regelmäßigen gemeinsamen Gespräche werden sich auch auf Ihre Kinder vorteilhaft auswirken.

Haushaltsbuch

Neben Ihrem Haushaltsbudget bietet Ihnen ein Haushaltsbuch weitere Vorteile. Sie sehen im Detail, woher Ihr Geld kommt und wie Sie es ausgeben. Ihr Haushaltsbuch unterstützt Sie bei Ihrer Ausgabenkontrolle und bei Ihrem Ständigen Verbesserungsprozess. Mit diesem umfassenden Überblick werden Sie finanzielle Entscheidungen fundierter und mit mehr Sicherheit fällen können.

Vor allem bei Ihrem Ausgabenbereich »Ernährung« sowie bei einer Vielzahl kleinerer Ausgaben wird Ihnen Ihr Haushaltsbuch eine große Hilfe sein. Mit Ihrem Haushaltsbuch erhalten Sie detaillierte Antworten auf Fragen wie zum Beispiel: Wie viel Geld gebe ich für bestimmte Sachen aus? Was kann ich mir vielleicht künftig zusätzlich leisten? Welche Ausgaben sollte ich in Zukunft reduzieren? Auf was kann ich ganz verzichten? Mit dem Beantworten dieser Fragen werden Sie viele Einsparpotenziale aufspüren.

Haushaltsbücher kann man sehr unterschiedlich führen. Sie können sich ein klassisches Haushaltsbuch im Buchhandel oder im Internet besorgen und dieses handschriftlich führen. Genauso können Sie ein elektronisches Haushaltsbuch nutzen. Entscheiden Sie sich, was für Sie das beste Planungsinstrument ist. Wenn Sie lieber am Computer arbeiten, werden Sie im Internet auf einige gute Angebote stoßen.

Wenn Sie nicht ständig und lückenlos ein Haushaltsbuch führen wollen, können Sie dies auch immer wieder für ein paar Monate machen. So erhalten Sie immer wieder aktuelle Hinweise, wie Sie Ihr Haushaltsbudget anpassen sollten. Selbst so ein sporadisches Führen Ihres Haushaltsbuches wird sich positiv auf Ihr Haushaltsmanagement auswirken.

Bei Ihrem Haushaltsbuch sollten Sie folgendermaßen vorgehen:

Ausgabenbereiche festlegen

In Ihrem Haushaltsbuch sollten Sie die Ausgabenbereiche entsprechend Ihrer Budgetplanung festlegen. Diese Einheitlichkeit ist gut für Ihre periodischen Gespräche mit Ihren Haushaltsmitgliedern. So stellen Sie bei Ihrem Haushaltsbudget und Ihrem Haushaltsbuch eine einheitliche Ausgabenstruktur sicher.

Belege sammeln

Bei den meisten Einkäufen erhalten Sie Kassenbons, Quittungen oder Rechnungen. Sammeln Sie alle Einkaufsbelege in einer entsprechenden Box. Motivieren Sie alle Ihre Haushaltsmitglieder, sich bei diesem Vorgehen zu beteiligen. Ausgaben, für die Sie keinen Beleg bekommen haben, notieren sie auf einem Zettel und legen diesen als Ersatzbeleg auch in Ihre Box.

Ausgaben eintragen

Bewahren Sie Ihr Haushaltsbuch und Ihre Sammelbox gut sichtbar auf. So werden Sie daran erinnert, Ihre Ausgaben einzutragen. Tragen Sie Ihre Ausgaben täglich oder zumindest wöchentlich in Ihr Haushaltsbuch ein. Sie werden feststellen, dass dies nicht viel Zeit erfordert.

Monatsausgaben ermitteln

Addieren Sie Ihre einzelnen Ausgaben je Ausgabenbereich. So erhalten Sie eine gute Übersicht Ihrer veränderlichen Ausgaben.

Achtung Überschuldung! Heute wird häufig mit »0% Finanzierung« geworben. Eine Untersuchung hat gezeigt, dass 53% der Käufe der vergangenen zwei Jahre ohne Finanzierungsangebot nicht erfolgt wären. Die Gefahr ist groß, sich finanziell zu übernehmen – und sich damit zu überschulden. Eine Studie ergab, dass knapp zehn Prozent der Bundesbürger über 18 Jahre überschuldet sind. Besonders jüngere Menschen erliegen leicht den Verlockungen des Konsums und überschätzen ihre finanziellen Möglichkeiten.

Sparpotenziale Wohnen

Der Ausgabenbereich Wohnen ist einer der größten Posten Ihres Haushaltsbudgets. Hier lohnt es sich die einzelnen Ausgabenkategorien näher anzusehen und gründlich zu analysieren. Ihre veränderbaren Ausgaben für Heizung, Strom, Wasser usw. können Sie im Rahmen Ihres Ständigen Verbesserungsprozesses mittel- und langfristig deutlich reduzieren.

Heizenergiekosten

Die Ausgaben für das Heizen Ihrer Wohnräume prägen Ihre Ausgaben Wohnen sehr stark. Bei der Heizung können Sie jedoch viele Sparpotenziale nutzen. Ganz egal, ob Sie Mieter oder Eigentümer eines Alt- oder Neubaus sind, es gibt immer Möglichkeiten Ihre Heizkosten zu reduzieren.

Raumtemperaturen: Halten Sie die Raumtemperaturen so niedrig wie möglich. Pro Grad Celsius Temperaturabsenkung sparen Sie bis zu 6% Energiekosten. Durch Absenkung der Raumtemperaturen können Sie einige Hundert Euro im Jahr sparen.

Empfohlene Raumtemperaturen: Wohnzimmer, Esszimmer, Küche und Arbeitszimmer: 19 bis 21 °C. Bad: 23 bis 24 °C. Schlafzimmer und Hobbyraum: 16 bis 18 °C. Kinderzimmer sollten Sie etwas wärmer einstellen als Ihr Wohnzimmer.

Versuchen Sie in einem ersten Schritt, die minimale Temperatur zu finden, bei der Sie sich noch richtig wohlfühlen. Geringe Temperaturschwankungen wirken sich auf das Wohlbefinden nicht unbedingt aus. Die richtige Wohlfühltemperatur hängt unter anderem von folgenden Faktoren ab: von der Person selbst, von der Kleidung, von der Tätigkeit, von der Luftfeuchtigkeit und der Oberflächentemperatur von Wänden und Fenstern.

Sparpotenziale Wohnen: Die folgende Auflistung von Sparpotenzialen soll Sie bei Ihrem Geldsparprogramm unterstützen. Der Aufbau dieser Auflistungen ist immer gleich, und zwar: Beschreibung des Sparpotenzials, Realisierungsvermerk und Realisierungstermin. Ihren Realisierungsvermerk können Sie durch Ankreuzen in den Spalten NR für Nicht Relevant, N für Nein und J für Ja dokumentieren.

Sparpotenziale Wohnen   TopFitHaushalt

Heizenergiekosten

Beschreibung Sparpotenzial	NR	Realisierung N	J	Termin
Empfohlene Raumtemperaturen berücksichtigen.				
Nachts u. bei Abwesenheit: Runter mit den Graden! Senken Sie die Raumtemperatur nachts u. bei Abwesenheit um 3 – 5 °C ab.				
Heizen Sie nur dort, wo Sie Wärme brauchen.				
Lüften Sie ein paar Mal am Tag kurz mit weit geöffneten Fenstern, statt länger mit gekippten Fenstern.				
Verhindern Sie ein völliges Auskühlen Ihrer Wohnung. Durch das neue Aufheizen brauchen Sie mehr Energie als bei einem permanenten Heizungsbetrieb.				
Entlüften Sie regelmäßig Ihre Heizkörper.				
Keine Möbel oder lange Vorhänge vor die Heizkörper.				
Türen u. Fenster von geheizten Räumen geschlossen halten.				
In der kühlen Jahreszeit zu Hause wärmere Kleidung tragen.				
Heizung abschalten oder absenken, wenn im Winter die tiefer stehende Sonne einen Teil der Wärme liefert.				
Heizkörpernischen dämmen.				
Thermostatventile regelmäßig kontrollieren.				
Nachts Rollläden u. Fensterläden schließen.				
Heizungsrohre dämmen, wenn sie durch ungeheizte Räume wie z. B. den Keller laufen.				
Heizen auf neuestem Stand. Prüfen Sie, ob sich bei Ihnen eine neue wirtschaftlichere Heizungsanlage rechnet.				

Stromkosten

Wenn Sie Ihren Stromverbrauch senken, können Sie nicht nur viel Geld sparen. Sie leisten auch damit einen Beitrag zum Klimaschutz. Denn: Die Erzeugung von Strom aus Kohle, Gas und Öl verursacht Kohlendioxid-Emissionen, die zum Klimawandel beitragen. Energieeinsparung und bessere Energieausnutzung sind wesentliche Schlüssel für eine umweltfreundliche Zukunft.

Mit Sofortmaßnahmen können Sie etwas gegen hohe Stromkosten unternehmen. Sie können bei Haushaltsgeräten in der Küche, bei elektrischen und elektronischen Geräten in Ihrem Arbeitszimmer, bei Ihrem Fernsehgerät und anderen Unterhaltungsgeräten in Ihrem Wohnzimmer Geld sparen.

Die Auflistung »Sparpotenziale Stromkosten« soll Ihnen bei Ihren Sofortmaßnahmen und bei Ihrem Ständigen Verbesserungsprozess helfen, Verbesserungsmaßnahmen zu entdecken und zu nutzen. Mit diesen Auflistungen als Basis für Verbesserungen gehen Sie am besten mit Ihren Haushaltsmitgliedern von Raum zu Raum und finden heraus, wo Sie mit einfachen Maßnahmen Ihre Stromkosten zum Teil deutlich senken können.

Küche: Ihre Küche ist mit vielen elektrischen Geräten ausgestattet. In Ihrer Küche verbrauchen Sie viel Strom. Sie werden bei Ihren Küchengeräten aber auch interessante Sparpotenziale entdecken.

Wohnzimmer: Mit innovativer Unterhaltungselektronik nutzen wir unser Wohnzimmer immer mehr als Heimkino. Moderne Fernsehgeräte und leistungsstarke Soundanlagen sorgen für tolle Erlebnisse. Die tollen Erlebnisse bezahlen wir aber mit höheren Stromkosten.

Arbeitszimmer: In unserem Arbeitszimmer stehen immer leistungsstärkere Computer. Diese Rechner und die dazugehörigen Geräte wie Drucker, Scanner oder anderes Equipment verbrauchen auch relativ viel Strom.

Bad: Auch in Ihrem Bad können Sie beim Warmwasser und zum Beispiel bei Ihrem Wäschetrockner Strom sparen.

Tipp: Das Umweltbundesamt gibt unter www.umweltbundesamt.de und auch in Form von Broschüren viele wertvolle Hinweise zum Energiesparen im Haushalt.

Sparpotenziale Wohnen   TopFitHaushalt

Stromkosten

Beschreibung Sparpotenzial	Realisierung			
	NR	N	J	Termin
Kühl- u. Gefriergeräte verbrauchen bis zu einem Fünftel des Stromes, da sie im Dauereinsatz sind. Mit energiesparenden Geräten realisieren Sie deutliche Sparpotenziale.				
Kühlschrank nicht neben Wärmequellen wie Herden u. Heizkörpern stellen. Direkte Sonneneinstrahlung vermeiden.				
Gefriergerät möglichst in einen ungeheizten Raum stellen.				
Warme Lebensmittel erst abkühlen lassen, bevor Sie diese zum Kühlen oder Gefrieren in das Gerät stellen.				
Visuelle Lagerhaltung im Kühl- u. Gefrierschrank. So vermeiden Sie langes Suchen u. verhindern, dass die Tür lange offen ist.				
Prüfen Sie regelmäßig, ob die Türdichtungen bei Ihrem Kühl- und Gefrierschrank noch einwandfrei abdichten.				
Eine Temperatur von 7 °C im Kühlschrank und minus 18 °C im Gefriergerät reicht in der Regel aus. Je tiefer die Temperatur, desto teurer wird es für Sie.				
Tauen Sie Ihre Gefriergerät jedes Jahr ab. Je dicker die Reifschicht ist, desto höher ist der Stromverbrauch.				
Achten Sie auf freie u. saubere Belüftungsgitter. Wenn die vom Kühl- u. Gefriergerät erzeugte Wärme nicht entweichen kann, steigt der Stromverbrauch				
Benutzen Sie einen Wasserkocher für das schnelle Erhitzen von Wasser. So sparen Sie Strom gegenüber Herden.				
Kochen Sie immer mit wenig Wasser u. mit Deckel.				
Verzichten Sie beim Backen möglichst auf Vorheizen.				
Tiefgekühltes vor der Weiterverarbeitung erst auftauen lassen.				

Sparpotenziale Wohnen TopFitHaushalt

Stromkosten

Beschreibung Sparpotenzial	Realisierung			
	NR	N	J	Termin
Verwenden Sie bei langen Garzeiten einen Schnellkochtopf.				
Der Strom- u. Wasserverbrauch bei neuen Spülmaschinen wurde in den letzten Jahren um 50 bis 70% reduziert. Vielleicht ist der Kauf eines neuen Geschirrspülers für Sie rentabel.				
Den Geschirrspüler immer voll beladen u. das Geschirr vorher nicht abspülen, sondern nur Speisereste entfernen.				
Spülen Sie möglichst nicht von Hand. Ihr Geschirrspüler spart Ihnen viel Strom und Wasser.				
Verwenden Sie für Ihre Beleuchtung möglichst nur noch Energiesparlampen. Diese Lampen haben einen ca. 70 bis 80% geringeren Stromverbrauch als herkömmliche Glühlampen. Kaufen Sie Energiesparlampen mit einer hohen Energieeffizienz.				
Je größer der Fernseher bzw. seine Bildschirmdiagonale, desto höher ist der Stromverbrauch. Das sollten Sie beim Kauf eines neuen Fernsehgerätes beachten.				
Stand-by-Betrieb kostet Geld! Schalten Sie deshalb Ihr Fernsehgerät u. Ihre übrigen elektronischen Geräte komplett aus.				
Bildschirmschoner bei Computern verbrauchen unnötige Energie u. können deshalb ruhig deaktiviert werden.				
Vermeiden Sie auch in Ihrem Arbeitszimmer Stand-by-Betrieb bei Ihrem Computer u. dem anderen Equipment. Verwenden Sie abschaltbare Steckerleisten.				
Laden Sie Ihre Waschmaschine möglichst immer voll. Halb leere Trommeln verbrauchen unnötig Strom.				
Achten Sie auf den Verschmutzungsgrad Ihrer Wäsche. Bei den heutigen sehr wirksamen Waschmitteln können Sie in der Regel auf eine Vorwäsche verzichten.				

Sparpotenziale Wohnen　　　　　　　　　　　　　　　**TopFitHaushalt**

Stromkosten

Beschreibung Sparpotenzial	Realisierung			
	NR	N	J	Termin
Für Weißwäsche reichen 60 °C statt 90 °C in der Regel aus. Buntwäsche braucht selten mehr als 40 °C.				
Wenn Sie Flecken sofort entfernen, dann reicht eine niedrige Waschtemperatur.				
Verzichten Sie wann immer möglich auf Ihren Wäschetrockner. Trocknen Sie Ihre Wäsche an der Luft. Das ist nicht nur deutlich billiger, sondern auch noch umweltfreundlicher.				
Schleudern Sie Ihre Wäsche bei hohen Drehzahlen aus.				
Beladen Sie Ihren Wäschetrockner immer optimal. Wenn er zu voll oder zu wenig beladen ist, verbrauchen Sie unnötig Strom.				
Sortieren Sie Ihre Wäsche nach Material u. Dicke. Zu unterschiedliche Wäsche verursacht längere Trockenzeiten.				
Die Wäsche nicht übertrocknen, vor allem nicht Bügelwäsche, die Sie dann wieder anfeuchten müssen.				
Säubern Sie den Luftfilter Ihres Wäschetrockners regelmäßig.				
Neue hocheffiziente Heizungspumpen verbrauchen bis zu 80% weniger Strom als alte, ungeregelte Pumpen. Prüfen Sie, ob sich für Sie der Kauf einer neuen Pumpe lohnt.				
Prüfen Sie regelmäßig u. intensiv, welcher Stromanbieter für Sie der günstigste ist. Mit dem Internet sind solche Vergleiche leicht u. schnell durchführbar. Preisunterschiede von mehreren 100 Euro pro Jahr sind keine Seltenheit. Und vor allem: Der Stromwechsel ist leicht u. dauert nur ein paar Minuten.				
Die Deutsche Energie-Agentur (dena) bietet auf ihrer Website einen kostenlosen Stromsparcheck an. In 15 Minuten kann man unter stromeffizienz.de seinen Haushalt durchleuchten.				

Wasserkosten

Ein sparsamer Umgang mit Wasser in Ihrem Haushalt lohnt sich sehr, da die Gebühren für Wasser in den letzten Jahren enorm gestiegen sind. Und da Ihre Abwasserkosten entsprechend Ihrem Frischwasserverbrauch berechnet werden, lohnt sich ein sparsamer Umgang mit Wasser gleich doppelt. Schon mit einfachen Verhaltensänderungen können Sie Ihren Wasserverbrauch reduzieren. Vermitteln Sie auch Ihren Kindern schon früh den bewussten und sparsamen Umgang mit Wasser.

Wir alle drehen den Wasserhahn täglich mehrmals auf und verbrauchen durchschnittlich rund 120 Liter Wasser pro Tag und Person. Entsprechend statistischen Auswertungen verwenden wir unser Wasser folgendermaßen (Prozent vom Gesamtwasserverbrauch):

Baden / Duschen / Körperpflege: 35%

Toilette: 31%

Wäsche waschen: 15%

Spülen: 6%

Wohnung reinigen: 4%

Kochen und Trinken: 3%

Garten: 2%

Sonstiges: 4%

An diesen Zahlen erkennen Sie sehr deutlich, wo es sich in Ihrem Haushalt vor allem lohnt, über einen sparsameren Umgang mit Wasser nachzudenken. Allein für die ersten drei Positionen verbrauchen wir nach diesen statistischen Zahlen rund 80% unseres Wassers.

Setzen Sie sich auch beim Thema »Sparsamer Umgang mit Wasser« mit allen Ihren Haushaltsmitgliedern zusammen. Besprechen Sie gemeinsam die einzelnen Punkte der Auflistung »Sparpotenziale Wasser«. Mit welchen Sofortmaßnahmen können Sie Wasser und Geld sparen? Vereinbaren Sie, wer sich im Rahmen Ihres Ständigen Verbesserungsprozesses um welche Sparpotenziale kümmern sollte. Mit Ihren periodisch stattfindenden Gesprächen sensibilisieren Sie alle Haushaltsmitglieder sehr konkret und praxisbezogen für einen sparsamen Umgang mit Wasser.

Sparpotenziale Wohnen   TopFitHaushalt

Wasserkosten

Beschreibung Sparpotenzial	Realisierung			
	NR	N	J	Termin
Duschen Sie, anstatt ein Vollbad zu nehmen. Für ein Wannenbad verbrauchen Sie dreimal so viel Wasser u. Energie wie bei der Dusche. So können Sie viele Euro im Jahr sparen.				
Rüsten Sie Ihre Dusche mit einem sparsamen Duschkopf mit moderner Wasser sparenden Technik aus.				
Lassen Sie beim Duschen nicht unnötig Wasser laufen. Beim Einseifen können Sie z. B. das Wasser abstellen.				
Verwenden Sie bei Ihren Wasserhähnen Perlstrahler u. Durchlaufbegrenzer. Sie teilen am Wasserhahn den Wasserstrahl oder mischen dem Wasser Luft bei. Bei gleichbleibendem Reinigungskomfort sparen Sie ganz leicht Wasser.				
Tauschen Sie tropfende Wasserhähne aus. Durch einen tropfenden Wasserhahn können bis zu 500 Liter Wasser pro Monat verschwendet werden.				
Lassen Sie Wasser beim Händewaschen, Zähneputzen, Salatwaschen usw. nicht unnötig lang laufen.				
Verwenden Sie WC-Spülkästen mit Spartaste.				
Wenn Sie Ihren alten Spülkasten noch nicht ersetzen wollen, können Sie ihn mit einem Wasser-Stopp nachrüsten. Dadurch wird nicht mehr der komplette Spülkasten geleert, sondern nur bei gedrückter Taste gespült.				
Neue u. effiziente Geschirrspüler brauchen im Vergleich zu alten Geschirrspülern bis zu 70% weniger Wasser. Prüfen Sie, ob sich eine Neuanschaffung für Sie lohnt.				
Sehen Sie sich Ihren jährlichen Wasserverbrauch immer genau an. Setzen Sie sich für das nächste Jahr ein konkretes Ziel für Ihren Wasserverbrauch. Hinterlegen Sie dieses Ziel mit weiteren Verbesserungsmaßnahmen.				

Haushaltsgeräte

In diesem Buch wurde schon mehrfach darauf hingewiesen, dass ein Privathaushalt durchaus mit einem kleinen Unternehmen vergleichbar ist. Das gilt auch für die notwendigen Betriebsmittel. Die Haushaltsgeräte entsprechen den Maschinen eines Unternehmens. Genau wie in Unternehmen bei den Maschinen müssen Privathaushalte immer wieder prüfen, ob ihre Haushaltsgeräte noch effizient genug arbeiten oder ob es neue, wesentlich wirtschaftlichere Geräte gibt.

Vor der Neuanschaffung eines Gerätes sollten Sie sich gründlich informieren. Neue Haushaltsgeräte kosten teilweise mehrere Hundert Euro. Warum sollen Sie das noch gut funktionierende Altgerät durch ein neues ersetzen? Sie sollten sich nur für ein Neugerät entscheiden, wenn sich das neue Haushaltsgerät rentiert! Wenn Sie Ihre Investition mittelfristig in Form von Einsparungen bei Ihren Strom- und Wasserkosten zurückbekommen und zusätzlich mehr Komfort realisieren, sollten Sie eine Ersatzanschaffung einplanen.

In den letzten 20 Jahren hat es bei der Technologie der Haushaltsgeräte zum Teil enorme Fortschritte gegeben. Ein moderner Kühlschrank und effizientes Gefriergerät verbraucht über 70% weniger Strom als vor 20 Jahren. Auch bei Kochherden, Waschmaschinen, Wäschetrocknern und Geschirrspülern konnte der Stromverbrauch um bis zu 40% reduziert werden. Auch der Wasserverbrauch der Geräte wurde sehr gravierend gesenkt. Diese enormen technischen Fortschritte, verbunden mit den deutlichen Einsparungen, sind gute Voraussetzungen für Ihre Renditerechnung.

Das folgende Formular »Haushaltsgeräte« soll Sie bei Ihrer Planung hinsichtlich Ersatzbeschaffung Ihrer Haushaltsgeräte unterstützen. In den Spalten des Formulars können Sie das Anschaffungsjahr, den Verbrauch des alten und potenziellen neuen Gerätes, den Preis sowie die Einsparung dokumentieren. In der letzten Spalte vermerken Sie Ihre geplante Neuanschaffung. So können Sie gezielt das nötige Geld vorhalten. Wenn sinnvoll, gestalten Sie selbst ein Formular nach Ihren Wünschen.

Mit der gleichen Systematik erfassen Sie die Heizungsanlage und die Heizungspumpe Ihrer Heizung. So können Sie mittel- und langfristig Ersatzanschaffungen vermerken und die nötigen Geldmittel ansparen.

Sparpotenziale Wohnen   **TopFitHaushalt**

Haushaltsgeräte

Benennung	Ansch. Jahr	Verbrauch Alt	Verbrauch Neu	Preis Neu	Einsparung Euro / Jahr	NA Jahr
Kühlschrank						
Elektroherd						
Gasherd						
Geschirrspüler						
Mikrowelle						
Gefriergerät						
Waschmaschine						
Wäschetrockner						
Fernseher						
Computer						
Drucker						
Staubsauger						
Heizungsanlage						
Heizungspumpe						

Tipp: Haushaltsgeräte und Kleingeräte mit kleinen z. B. optischen Fehlern werden oft als B-Ware deutlich günstiger angeboten. Prüfen Sie, ob dies für Sie eine Alternative wäre.

Sparpotenziale Einkauf

Die Ausgaben für Lebensmittel, Körperpflegemittel, Reinigungsmittel, Waschmittel und Hygienemittel sind neben den Ausgaben für Wohnen ein weiterer großer Posten unseres Haushaltsbudgets. In Abwandlung der viel zitierten Aussage von Unternehmen: *„Im Einkauf liegt der Gewinn",* kann man bei Privathaushalten feststellen: *„Beim Einkauf können Sie viel Geld sparen."*

Dieser Satz: *„Beim Einkauf können Sie viel Geld sparen",* ist leicht zu schreiben, aber gar nicht so leicht zu realisieren. In Supermärkten wird Ihnen ein reichhaltiges Warensortiment angeboten. Moderne Supermärkte werden von Werbepsychologen bis ins kleinste Detail geplant. Nichts wird dem Zufall überlassen. Alle Supermärkte sind mit System geplant und sehr einheitlich strukturiert. Mit vielen psychologischen Tricks sollen Sie möglichst viel einkaufen. Denn die Supermarktstrategen wissen, dass bis zu 60 Prozent der Einkäufe spontan getätigt werden. Diese Strategen wollen Sie zum Kaufen verführen.

Wie können Sie dieser geballten Verkaufsmacht widerstehen? Wie können Sie vermeiden, dass Sie aufgrund einer temporären Stimmungslage, vielleicht zum Beispiel hervorgerufen durch die Weihnachtsdekoration, etwas kaufen, was Sie eigentlich gar nicht kaufen wollten? Sie können dieser Verkaufsmacht und diesen Stimmungslagen widerstehen, wenn Sie gemeinsam mit Ihren Haushaltsmitgliedern beschließen, aus welchen **Standardprodukten** sich Ihr Einkaufssortiment zusammensetzt. Mit diesem Vorgehen werden Sie, genauso wie es erfolgreiche Unternehmen machen, nur Produkte kaufen, die Sie auch wirklich benötigen.

Welche Produkte sollen künftig zu **Standardprodukten** Ihres Einkaufs-sortiments werden? Um dies gemeinsam mit Ihren Haushaltsmitgliedern zu besprechen und festzulegen, erfassen Sie zuerst alle Produkte, die Sie zurzeit gelagert haben und die Sie aktuell kaufen. Für die Erfassung Ihrer derzeitigen Produkte verwenden Sie ein Formular, das so aufgebaut sein kann wie das folgende Musterformular. Gut wäre es, wenn Sie Ihre Produkte, sortiert nach Lebens-, Körperpflege-, Reinigungs-, Wasch- und Hygienemittel, in Ihrem Formular »Einkaufssortiment« dokumentieren.

Sparpotenziale Einkauf   **TopFitHaushalt**

Einkaufssortiment

Benennung	Standardprodukt		Ökoprodukt		Bemerkung
	Ja	Nein	Ja	Nein	
Nudeln	x		x		
Nudeln		x			
Nudeln	x			x	
Reis	x			x	
Reis		x			
Kartoffeln		x			
Kartoffeln	x			x	
Kaisergemüse		x		x	Gefriergut
Kaisergemüse	x		x		Gefriergut
Spinat	x		x		Gefriergut
Suppengemüse	x		x		Gefriergut
Edamer		x		x	Schnittkäse
Emmentaler	x			x	Schnittkäse
Masdamer		x		x	
Camenbert	x			x	
Kochschinken	x			x	
Schinkenwurst	x			x	

Bei Unternehmen wird das Einkaufssortiment weitestgehend von den Produkten des Unternehmens beeinflusst. Was bei Unternehmen die Produkte sind, ist bei Ihnen Ihr zum Beispiel wöchentlich wiederkehrender Speiseplan. Ihr Speiseplan prägt Ihr Standardproduktspektrum hinsichtlich Ernährung entscheidend. Das heißt, wenn Sie zusammen mit Ihren Haushaltsmitgliedern Ihr Einkaufssortiment und Ihre **Standardprodukte** festlegen, sollte Ihr Speiseplan abgestimmt und beschlossen sein.

Mit Ihrem Formular »Einkaufssortiment« können Sie festlegen, bei welchen Produkten Sie unter dem Aspekt „Gesunde Ernährung" Ökoprodukte vorsehen wollen. Die Ernährung beeinflusst nicht nur unsere Gesundheit, sondern sie ist mit einem Anteil von ca. 15 Prozent Ihres Haushaltsbudgets ein gewichtiger Ausgabenposten. Nach einer Untersuchung landen etwa 10 Prozent aller verpackten Lebensmittel ungeöffnet im Hausmüll. Dies entspricht einem Wert von schätzungsweise 400 € pro Haushalt und Jahr. Das können Sie mit Ihrem abgestimmten Speiseplan und Ihrem gemeinsam verabschiedeten Einkaufssortiment weitestgehend vermeiden.

Ihr Ziel sollte sein, Ihr Einkaufssortiment möglichst klein zu halten. Beschränken Sie sich bei den Bereichen Lebensmittel, Körperpflege, Reinigung, Waschen und Hygiene auf möglichst wenig **Standardprodukte**. Versuchen Sie bei allen Bereichen unter Beachtung der »Plattformstrategie« und der »Gleichteilestrategie« Ihr Einkaufssortiment zu reduzieren. Damit sparen Sie nicht nur Geld, sondern auch Lagerfläche und Lagerraum. So erleichtern Sie auch Ihre Visuelle Lagerhaltung.

Gehen Sie zu Ihrem Einkauf und vor allem zu Ihrem Wocheneinkauf mit einer klaren Vorstellung, was Sie einkaufen wollen. Diese klare Vorstellung können Sie mit folgendem Vorgehen realisieren:

- Gehen Sie Ihre einzelnen Lagerorte durch und schreiben Sie alles, was Sie nachkaufen müssen auf Ihren Einkaufszettel.
- Gehen Sie Ihre Visuelle Lagerhaltung durch und prägen Sie sich in Ihrem Gedächtnis ein, was Sie beschaffen müssen. Nach einiger Zeit werden Sie vielleicht ohne Einkaufszettel auskommen. Damit trainieren Sie Ihr Gedächtnis und fördern Ihre Gesundheit.

Mit beiden Möglichkeiten haben Sie eine klare Vorstellung, was Sie einkaufen wollen, und vermeiden so spontane Käufe.

Lebensmittel

Der Bereich Lebensmittel ist in den Supermärkten der mit Abstand größte und umsatzstärkste Bereich. Das reichhaltige Angebot an Lebensmitteln ist für uns schon lange Zeit eine Selbstverständlichkeit. Trotz dieses umfangreichen Angebots an Lebensmitteln muss uns immer wieder neu bewusst sein: **Lebensmittel sind kostbar!** Essen und Trinken ist lebensnotwendig. Nach der Erzeugung über die Verarbeitung und der Vermarktung landen die Lebensmittel auch bei Ihnen wie selbstverständlich auf dem Teller bzw. in der Tasse oder im Glas.

Lebensmittel stillen den Hunger und löschen den Durst. Sie schenken immer wieder neue Kraft und sorgen für Entspannung. Dass Lebensmittel weit mehr sind als bloße Nahrungsmittel, sollten Sie auch immer wieder Ihren Kindern bewusst machen. Dies können Sie zum Beispiel beim gemeinsamen Kochen vermitteln. Mit diesem Wissen werden Sie und Ihre Haushaltsmitglieder bewusster leben, bewusster genießen, sich bewusster ernähren und auch bewusster einkaufen.

Laut einer Studie werden in Deutschland in der Industrie, im Handel, in Gaststätten und Kantinen sowie in Privathaushalten jährlich knapp 11 Millionen Tonnen Lebensmittel als Abfall entsorgt. Mit 61 Prozent wird das mit Abstand größte Volumen an Lebensmitteln in Privathaushalten entsorgt. Bei einem Vier-Personen-Haushalt summiert sich der Betrag im Schnitt pro Jahr auf rund 940 Euro. Am häufigsten landen Obst und Gemüse im Mülleimer. Sie machen 44 Prozent aller vermeidbaren Lebensmittelabfälle in Privathaushalten aus. Mit Ihrem abgestimmten und gestrafften Einkaufssortiment und Ihrer Visuellen Lagerhaltung können Sie so eine Verschwendung von Lebensmitteln vermeiden.

In dem Kapitel »Gesunde Ernährung« heißt es: *Nur wenn Sie das Richtige essen, ist Ihre Nahrung Lebenskraft für Ihren Körper, Geist und Ihre Seele.* Eine gesunde und vollwertige Ernährung hält Sie gesund und fördert die Leistungsfähigkeit und das Wohlbefinden Ihrer Haushaltsmitglieder. Dabei beachten Sie, dass Ernährung **und** Bewegung untrennbar miteinander verbunden sind. Mit der Gesundheitsmethode KOMPASS fürs LEBEN als Ihre Gesundheitsmethode verbessern Sie auch Ihre Konzentrationfähigkeit und Gedächtnisleistung. Das können Sie bei Ihrem Einkauf gut gebrauchen.

Sparpotenziale Einkauf

TopFitHaushalt

Lebensmittel

Beschreibung Sparpotenzial	Realisierung			
	NR	N	J	Termin
Gehen Sie nicht ohne Einkaufszettel in den Supermarkt u. kaufen Sie nur das, was Sie notiert haben. Das Gleiche gilt, wenn Sie mit Ihrem trainierten Gedächtnis u. Ihrer Visuellen Lagerhaltung im Kopf einkaufen.				
Informieren Sie sich vorher über Preise. Kaufen Sie gezielt billigere Angebotswaren aus den wöchentlichen Werbeprospekten u. der Tageszeitung.				
Kaufen Sie Ihre Standardprodukte mit einer langen Haltbarkeit wie Kaffee, Nudeln usw. möglichst nur zu Sonderpreisen.				
Gehen Sie nie hungrig zum Einkaufen. Eine alte Supermarktweisheit lautet: Ein hungriger Kunde ist der beste Kunde.				
Gehen Sie seltener zum Einkaufen u. machen Sie einen wöchentlichen Lebensmittel-Großeinkauf.				
Bücken Sie sich u. blicken nach links bei den Regalen des Supermarktes. Auf Augenhöhe stehen meist die teureren Produkte. Ab Kniehöhe wird es billiger. Rechts stehen oft die teureren u. links die billigeren Produkte.				
Halten Sie Ausschau nach No-Name-Artikeln bzw. auf die Hausmarke des Supermarktes. Diese Produkte sind teilweise über 40% billiger als die Markenprodukte, bei vergleichbarer Qualität. Viele dieser Artikel kommen von Markenproduzenten.				
Achten Sie bei Ihrem Einkauf immer auf die Mindesthaltbarkeit. In den Regalen stehen nicht immer die Produkte mit der kürzesten Mindesthaltbarkeit vorne.				
Lassen Sie sich nicht von großen Verpackungen täuschen. Vergleichen Sie immer die Gewichtsangaben u. Füllmengen. Vergleichen Sie auch die angegebenen Grundpreise.				

Sparpoteziale Einkauf

TopFitHaushalt

Lebensmittel

Beschreibung Sparpotenzial	Realisierung			
	NR	N	J	Termin
Vergleichen Sie bei angebotenen »Familienpackungen«, ob sich die größere Menge, auch unter dem Aspekt der Haltbarkeit, für Sie wirklich lohnt.				
Lassen Sie sich von »befristeten Angeboten[a]« oder Hinweisen „nicht mehr lange vorrätig" nicht zu spontanen Käufen verleiten.				
Achten Sie bei »Wühltischen« darauf, ob die angebotene Ware wirklich günstiger ist. Auf »Wühltischen« werden oft Sonderangebote mit teureren, regulären Angeboten vermischt.				
Teilen Sie Ihre Einkäufe entsprechend den jeweils günstigsten Angeboten auf. Wenn Sie aus Bequemlichkeit nur zu einem Supermarkt gehen, bezahlen Sie in der Regel mehr Geld.				
Nutzen Sie »Happy Hour«. Backshops verkaufen z. B. kurz vor Ladenschluss die Waren zum halben Preis.				
Lassen Sie sich nicht durch besondere Werbemaßnahmen u. Stimmungslagen von Ihrem Ziel, nur das zu kaufen, was Sie auch wirklich benötigen, abbringen.				
Nutzen Sie Sonderangebote bei Produkten mit einem nur noch kurzen Mindesthaltbarkeitsdatum, wenn Sie diese Produkte innerhalb dieser Zeit verbrauchen. Denn Lebensmittel sind oft auch nach dem Ablauf dieses Datums noch genießbar.				
Löschen Sie ihren Durst überwiegend mit Leitungswasser oder Mineralwasser.				
Verzichten Sie möglichst auf Fruchtsaftgetränke, Fitness- und Wellness-Drinks u. sogenannte Sportlergetränke. Sie sind teuer u. sie halten in den meisten Fällen nicht, was Ihnen versprochen wird. Sie sind sogar in vielen Fällen ungesund.				
Kaufen Sie keine Plastiktüten, um Ihren Einkauf zu verstauen. Damit sparen Sie Geld u. schonen die Umwelt.				

Körperpflege

Bei den Produkten für Körperpflege und hier besonders bei den Kosmetikprodukten sowie bei den Nahrungsergänzungsmitteln sollten Sie besonders kritisch und sparsam bei Ihrem Einkauf sein. Die Werbestrategen sind bei diesen Produkten besonders kreativ. Es werden Wirkungen angepriesen, die sich häufig deutlich von den tatsächlichen Wirkungen unterscheiden. Zum Beispiel die Werbeaussagen »Faltenreduzierung von innen« oder »Power für Ihr Haar« sind mit den beworbenen Produkten schwer zu erreichen. Auf der anderen Seite wissen die Werbestrategen, dass diese versprochenen Wirkungen von Ihnen nicht konkret bewertet werden können.

Die Begriffe »Wohlfühlen, Wellness, Anti-Aging und Entspannung« werden bei diesen Produkten sehr gezielt verwendet. Die Industrie für Körperpflegemittel schafft es immer wieder, mit solchen Begriffen unsere und Ihre Kaufentscheidung zu beeinflussen. So können Sie den Stress des Tages mit einem Duschmittel hinter sich lassen oder mit dem richtigen Deo werden Sie unwiderstehlich. Je weniger sich die Produkte von ihrer Grundsubstanz unterscheiden, umso mehr wird mit diesen Zusatznutzen geworben.

So werden auch unter den Begriff »Anti-Aging« die Hautverbesserung und die Verhinderung bzw. Reduzierung der Faltenbildung angepriesen. Nach wissenschaftlichen Erkenntnissen wächst die Haut aber von innen nach außen und wird von den Blutgefäßen ernährt. Alle von außen zugeführten Stoffe erreichen die tieferen Hautschichten nicht.

Bei den Nahrungsergänzungsmitteln wird uns suggeriert, dass wir unserem Körper doch endlich einmal was Gutes zukommen lassen sollten. Für jedes Problem bzw. vermeintliche Problem werden uns Kapseln, Tabletten, Tropfen, Brausetabletten usw. angeboten. Der Markt boomt. Seriöse Wissenschaftler sagen, dass Nahrungsergänzungsmittel in der Regel überflüssig und sogar manchmal riskant sind. Nahrungsergänzungsmittel sind kein Ersatz für gesunde Ernährung. Eine gesunde und vollwertige Ernährung sowie regelmäßige Bewegung und Ausdauersport haben meist eine viel prägnantere Wirkung auf Ihre Gesundheit und Fitness sowie Ihre Lebensfreude als die oben genannten Produkte.

Sparpotenzial: Ihr Einkaufssortiment sollte möglichst wenig Kosmetikartikel und Nahrungsergänzungsmittel beinhalten.

Waschmittel- und Reinigungsmittel

Durch Sauberkeit und Hygiene haben sich die Lebensqualität und die Lebenserwartung der Menschen entscheidend verbessert. Mittlerweile wird uns eine fast unüberschaubare Menge an Wasch- und Reinigungsmitteln angeboten. Jährlich werden mehr als 1.300.000 Tonnen Wasch- und Reinigungsmittel an die privaten Haushalte in Deutschland verkauft. Diese teilen sich wie folgt auf:

- 630.000 Tonnen Waschmittel
- 220.000 Tonnen Weichspüler
- 480.000 Tonnen Reinigungs- und Pflegemittel; davon ca. 260.000 Tonnen Geschirrspülmittel

All diese Produkte bestehen aus Chemikalien, die zum großen Teil ins Abwasser gelangen. Wir verbrauchen durchschnittlich fast acht Kilogramm Waschmittel pro Kopf und Jahr.

Beim Waschen sind die sogenannten Baukastensysteme am wenigsten umweltbelastend. Waschaktive Substanzen, Enthärter und Fleckensalz werden je nach Bedarf gezielt zugegeben. Bei weichem Wasser kann auf den Enthärter verzichtet werden. Eine Alternative ist das sogenannte Tandem-System, bei dem weiße Wäschestücke mit Vollwaschmittel und bunte mit Buntwaschmittel gewaschen werden. Flüssigwaschmittel enthalten einen besonders hohen Anteil an Tensiden. Waschen wird immer mit einer Umweltbelastung verbunden sein, denn es gibt keine umweltfreundlichen Waschmittel. Daher ist das beste Waschmittel das, das eingespart wird.

Auch an Reinigungs- und Pflegemitteln verbrauchen wir im Durchschnitt etwa acht Kilo pro Kopf und Jahr. Angesichts der großen Vielzahl an Reinigungsmitteln, die uns angeboten werden, reicht in der Regel eine erstaunlich kleine Anzahl im Haushalt aus: Allzweckreiniger, Geschirrspülmittel, Scheuermittel, Zitronensäure und Spiritus. Auch beim Putzen gilt: Nur das eingesparte Reinigungsmittel ist wirklich umweltverträglich. Das wichtigste und billigste Reinigungsmittel ist Wasser. Am sinnvollsten ist es natürlich, hartnäckige Verschmutzungen erst gar nicht entstehen zu lassen.

Umweltfreundliche Wasch- und Reinigungsmittel erkennen Sie an der »Euroblume« oder dem »EU Eco-Label«.

Sparpotenziale Einkauf   TopFitHaushalt

Wasch- und Reinigungsmittel

Beschreibung Sparpotenzial	Realisierung			
	NR	N	J	Termin
Verwenden Sie Baukasten- oder Tandemsysteme als Waschmittel für Ihre Wäsche				
Sortieren Sie Ihre Wäsche vor: Weiß- u. Buntwäsche trennen, dabei auch nach Verschmutzungsgrad sortieren.				
Behandeln Sie Flecken unverzüglich u. gezielt.				
Beladen Sie Ihre Waschmaschine immer voll.				
Weichen Sie Ihre Wäsche ein statt einer Vorwäsche.				
Setzen Sie Spezialwaschmittel (Fein- oder Wollwaschmittel) nur ganz gezielt ein.				
Verwenden Sie keine Weichspüler. Da Weichspüler keine Reinigungswirkung haben, belasten sie das Abwasser unnötig.				
Trocknen Sie Wäsche auf der Leine statt im Wäschetrockner. Dadurch sparen Sie Energie.				
Dosieren Sie die Waschmittelmenge entsprechend der Wasserhärte u. dem Verschmutzungsgrad.				
Beachten Sie die Dosieranleitungen der Waschmittelhersteller.				
Waschen Sie mit einer möglichst niedrigen Waschtemperatur.				
Beachten Sie die Pflegekennzeichen an Ihren Textilien.				
Lassen Sie sich nicht durch Werbehinweise wie »nicht nur sauber, sondern rein« oder »kuschelweich« oder »Frisch wie der Frühling« zum Kauf von teureren Waschmitteln verleiten.				
Verwenden Sie Waschmittel, die von »Stiftung Warentest« oder von »Öko-Test« empfohlen werden.				

Sparpotenziale Einkauf   TopFitHaushalt

Wasch- und Reinigungsmittel

Beschreibung Sparpotenzial	Realisierung			
	NR	N	J	Termin
Vermeiden Sie Verstopfungen in Abwasserrohren, indem Sie Auffangsiebe für Haare im Ablauf von Waschbecken, Dusche u. Wanne verwenden.				
Werfen Sie Speisereste, Hygieneartikel und zum Beispiel Katzenstreu nicht ins WC.				
Beseitigen Sie Verschmutzungen im Backofen oder auf dem Herd, bevor sie trocknen oder einbrennen.				
Behandeln Sie Textilien möglichst, bevor der Fleck eintrocknet. Dabei vorsichtig abtupfen u. nicht reiben.				
Weichen Sie hartnäckige Verschmutzungen bei Ihrem Geschirr länger ein. So löst sich der Schmutz leichter beim Spülen.				
Reinigen Sie Ihre Toilette lieber häufiger mechanisch. Dies ist wirksamer als ein desinfizierendes Mittel.				
Verwenden Sie so viel wie möglich mechanische Putzmittel wie Mikrofasertücher, Reinigungsschwämme, Topfreiniger, Schaber, Bürsten, Gummilippe und Spülbürste.				
Verzichten Sie möglichst auf Duftsteine in der Toilette. Sie reinigen nicht, sondern überdecken lediglich unangenehme Gerüche. Diese können Sie durch regelmäßiges Putzen viel billiger u. nachhaltiger beseitigen.				
Verwenden Sie in Ihrem Haushalt keine Desinfektionsmittel. Sie sind in der Regel überflüssig. Gegen Bakterien u. Infektionsgefahr können Sie sich auch durch regelmäßiges Waschen der Hände nach dem Gang zur Toilette schützen u. durch regelmäßiges Reinigen der am meisten verkeimten Bereiche in der Wohnung, wie Kühlschränke, Spülbecken, Spüllappen usw.				
Verwenden Sie Reinigungsmittel, die von »Stiftung Warentest« oder von »Öko-Test« empfohlen werden.				

Süßwaren

Vor den Süßwarenregalen der Supermärkte sollten Sie konsequent sein: Lassen Sie sich von den verlockenden Angeboten nicht einlullen, sondern schieben Sie Ihren Einkaufswagen weiter. Besonders in der westlichen Welt sind große Teile der Bevölkerung übergewichtig. Jedes fünfte Kind und jeder dritte Jugendliche ist zu dick. Die Süßwaren haben einen erheblichen Einfluss auf diese negative Entwicklung, mit teilweise erheblichen gesundheitlichen Folgen. Viele Staaten versuchen, mit Kampagnen wie zum Beispiel »Fit statt fett« gegenzusteuern.

Besonders betroffen von süßen Versuchungen sind Kinder und Jugendliche. Eine Untersuchung des Robert-Koch-Instituts zeigt, dass Kinder und Jugendliche über 40 Prozent der Gesamtenergie aus Süßem gewinnen. Empfohlen sind maximal zehn Prozent. Gerade viele Kinderprodukte sind stark gesüßt. Kinder-Schokoriegel und Milchschnitten werden zum Beispiel als »für Kinder besonders empfehlenswert« oder mit dem Hinweis »Extraportion Milch« angepriesen, aber sie sind nicht anders als herkömmliche Süßigkeiten zu bewerten. Statt der gesunden, milchhaltigen Süßigkeiten nehmen die Kinder in Wirklichkeit eher eine Zucker-Fett-Schnitte zu sich, mit einer Spur von Milch und ein bisschen Honig. Die Verpackung zeigt aber was ganz anderes.

Zu Weihnachten, Ostern, Halloween sowie zum Valentins- und Muttertag werden uns besonders raffiniert verpackte Süßwaren angeboten. Gezielte Werbemaßnahmen sollen uns in Kaufstimmung bringen. Diese Süßwaren sind jedoch im Vergleich zur »Normalware« durch besondere Verpackungen, bunte und glitzernde Folien sowie Schleifchen relativ teuer. Lassen Sie diese Produkte dort, wo sie sind, und laufen weiter.

Laut Statistik nascht jeder Deutsche über 30 Kilogramm Süßigkeiten pro Jahr. Allerdings muss bei aller Liebe zu den süßen Versuchungen darauf hingewiesen werden, dass zu viele Süßigkeiten gesundheitlich bedenklich sind. Sehr wichtig ist, dass Sie bei sich selbst und bei Ihren Kindern Süßigkeiten nicht als Trost- oder Belohnungsmittel verwenden. Sie sollten auch nicht aus Langeweile zu Süßwaren greifen.

Sparpotenzial: Ihr Einkaufssortiment sollte, wie bei Kosmetik und Nahrungsergänzungsmittel, möglichst wenig Süßwarenprodukte beinhalten.

Sparpotenziale Einkauf **TopFitHaushalt**

Süßwaren

Beschreibung Sparpotenzial	Realisierung			
	NR	N	J	Termin
Ganz ohne Süßigkeiten werden auch Sie nicht auskommen. Vereinbaren Sie in Ihrem Haushalt u. mit Ihren Kindern Naschregeln, z. B. einmal täglich ist Naschen erlaubt. Prüfen Sie regelmäßig, ob die gemeinsam beschlossenen Regeln eingehalten werden. Sind Sie ein Vorbild bei der Einhaltung der Naschregeln!				
Lagern Sie Ihre Süßwaren nur an einem bestimmten Ort. Süßwaren sollten nicht überall u. jederzeit griffbereit sein.				
Erklären Sie Ihren Kindern, weshalb zu viele Süßigkeiten ungesund sind. Unreine Haut, Müdigkeit, Abgeschlagenheit u. Stoffwechselkrankheiten können von zu vielen Süßigkeiten verursacht werden. Auch die Figur u. die Zähne leiden.				
Achten Sie darauf, dass Süßigkeiten kein Kompensationsmittel für Stress-, Frust- u. Problembewältigung wird. Suchtgefahr!				
Achten Sie darauf, dass Süßigkeiten stets ausreichend gekennzeichnet sind.				
Legen Sie beim Kauf von Schokolade Wert auf einen hohen Kakaoanteil u. wenig Zuckerzusatz. Bevorzugen Sie Kakao aus kontrolliertem Anbau.				
Bevorzugen Sie Bitterschokolade. Sie enthält weniger Zucker als Vollmilchschockolade. Aufgrund des hohen Kakaoanteils stecken in ihr auch mehr Flavonoide.				
Lassen Sie sich in der sogenannten »Quengelzone« vor der Kasse von Supermärkten nicht zum Kauf von Süßwaren verleiten!				
Beschränken Sie sich bei Backwaren möglichst auf Brot bzw. Vollkornbrot. Andere Backwaren sind relativ teuer u. ungesund. Blätterteig besteht z. B. ungefähr zur Hälfte aus Butter oder Margarine. Ähnlich fettig ist Mürbeteig. Mit 200 Gramm Mürbeteig ist bereits der tägliche Fettbedarf gedeckt. Greifen Sie eher zum Obstkuchen aus Hefeteig. Der ist deutlich fettärmer.				

Sparpotenziale Mobilität

Mobilität ist wichtig für unser Leben. Bei unserer Mobilität steht na-tür-lich unser Auto im Vordergrund. Wir brauchen unser Auto für die Arbeit, die Freizeit und die Organisation unseres Alltags. Legte jeder Bundesbürger im Jahr 1950 im Durchschnitt 1.000 km pro Jahr mit dem Auto zurück, sind es heute im Schnitt 12.000 km. Das hat auch seinen »Preis«. Mit unseren Privatautos verursachen wir mit etwa 43 Prozent den Hauptanteil an den Umweltbelastungen. Die durchschnittlichen Ausgaben für unsere Mobilität sind mit ungefähr 15 Prozent ein großer Posten unserer Gesamtausgaben.

Nach einer Studie besitzt jeder deutsche Autofahrer in seinem Leben im Durchschnitt acht Autos. Die Kosten für unsere Autos summieren sich dabei auf etwa 320.000 Euro. Durch steigende Kraftstoffpreise wird das Autofahren immer teurer. Die Gesamtausgaben in Höhe von 320.000 Euro setzen sich aus folgenden Einzelposten zusammen:

- Autokauf / Abschreibung: 117.000 Euro bzw. 37%
- Kraftstoffkosten: 80.000 Euro bzw. 25%
- Versicherung und Steuern: 58.000 Euro bzw. 18%
- Autopflege, Wartung, Reparatur: 65.000 Euro bzw. 20%

Die Autokosten sind in den letzten Jahren stark angestiegen. Während die Lebenshaltungskosten seit 1995 um 25 Prozent zugelegt haben, sind die Autokosten um rund 42 Prozent angestiegen. Verantwortlich für diesen Anstieg sind vor allem die Kraftstoffpreise, die sich seit 1995 um 85 Prozent erhöht haben. Bei so einem rasanten Anstieg der Autokosten müssen wir und müssen Sie gegensteuern durch die Nutzung von Sparpotenzialen.

Wegen dieser Kostenentwicklung ist es sinnvoll, dass Sie vor einem Neukauf eines Autos klare Vorstellungen haben und sich gründlich informieren. Welches Auto und welche Autogröße brauchen Sie für Ihren Alltag? Welches Auto ist besonders umweltfreundlich? Bei welchem Auto ist der Kraftstoffverbrauch besonders niedrig? Wenn Sie zum Beispiel bei Ihrem neuen Auto durchschnittlich 2 Liter pro 100 km weniger brauchen, können Sie schon mehrere Hundert Euro im Jahr sparen. Vergleichen Sie vor dem Neukauf eines Autos die Autokosten. Nutzen Sie hierfür zum Beispiel die jährlichen Vergleichslisten in Autozeitschriften oder im Internet.

Sparpotenziale Mobilität   TopFitHaushalt

Auto

Beschreibung Sparpotenzial	Realisierung			
	NR	N	J	Termin
Wenn Sie beim Autofahren die folgenden Ratschläge beachten, können Sie Ihren Spritverbrauch um bis zu 30% senken und den CO_2 – Ausstoß Ihres Autos stark reduzieren.				
Rasen Sie nicht. Im oberen Geschwindigkeitsbereich steigt der Verbrauch mit der Geschwindigkeit an. Bei 150 km/h wird im Schnitt doppelt so viel verbraucht wie bei 70 km/h. Der Luftwiderstand vervierfacht sich bei einer Verdoppelung der Geschwindigkeit.				
Starten Sie den Motor ohne Gaspedalbetätigung u. fahren Sie sofort los. Motor nicht im Stand warmlaufen lassen.				
Schalten Sie nach dem Anfahren sofort in den 2. Gang. Frühzeitig – bei einer Drehzahl von 2.000 U/min – die einzelnen Gänge hochschalten. Z. B. Tempo 30 im 3., Tempo 40 im 4. u. Tempo 50 im 5. Gang.				
Schalten Sie nicht zurück, solange der Motor nicht ruckelt. Nach jedem Runterschalten ist wieder ein Tritt aufs Gaspedal notwendig u. das kostet jedes Mal Sprit.				
Fahren Sie gleichmäßig u. vorausschauend. Mit jeder Bremsung vergeuden Sie Energie. Nutzen Sie die Motorbremsung. Vermeiden Sie zu dichtes Auffahren.				
Befreien Sie Ihr Auto von unnötigen Ballast. Mit 100 kg mehr brauchen Sie bis zu 0,3 l pro 100 km mehr Sprit.				
Schalten Sie ab einem Stopp von 20 Sekunden Ihren Motor aus. Auch im Leerlauf wird Sprit verbraucht.				
Prüfen Sie öfter den Reifendruck Ihres Autos. Etwa 1% weniger Sprit braucht man, wenn die Reifen den richtigen Druck haben.				
Fahren Sie im Sommer nicht mit Winterreifen.				

Sparpotenziale Mobilität

TopFitHaushalt

Auto

Beschreibung Sparpotenzial	Realisierung			
	NR	N	J	Termin
Benutzen Sie Reifen mit möglichst geringem Rollwiderstand. Dadurch sparen Sie bis zu 3% Sprit u. Sie fahren zudem noch geräuschärmer.				
Setzen Sie Stromverbraucher wie z. B. die Klimaanlage, die Heckscheibenheizung oder die Lüftung zurückhaltend ein. Die Klimaanlage verbraucht bis zu 1 Liter pro 100 km.				
Halten Sie auf Landstraßen generell das Tempolimit ein.				
Fahren Sie auf der Autobahn gleichmäßig mit moderater Geschwindigkeit. 120 km/h genügen völlig. Gegenüber 160 km/h sind hier locker bis zu 3 l/100 km Einsparung drin.				
Vermeiden Sie »Wettrennen« auf der linken Fahrspur. Die häufigen Bremsmanöver kosten Ihnen 1 l/100 km.				
Fahren Sie im Windschatten eines Busses oder LKWs. Auch dadurch sparen Sie Sprit.				
Beim Einfahren in die Ortschaft rechtzeitig Gas wegnehmen, sodass Sie am Ortseingangsschild die zugelassene Geschwindigkeit erreichen.				
»Schwimmen« Sie im Kolonnenverkehr mit u. schalten Sie wenig.				
Lassen Sie Fenster u. Schiebedach während des Fahrens zu.				
Nutzen Sie für Kurzstrecken Ihr Fahrrad u. lassen Ihr Auto stehen. Auf den ersten beiden Kilometern verbraucht ein kalter Benzinmotor im Schnitt bis zu 30 l/100 km. Kurzstrecken gehen daher richtig ins Geld.				
Suchen Sie sich eine preiswerte Tankstelle. Fast die Hälfte aller Autofahrer tankt immer an derselben Tankstelle, egal, wie viel das Benzin kostet. Dabei gibt es manchmal erhebliche Preisunterschiede. Informieren Sie sich regelmäßig über Spritpreise.				

Sparpotenziale Mobilität   TopFitHaushalt

Auto

Beschreibung Sparpotenzial	Realisierung			
	NR	N	J	Termin
Bei freien Tankstellen ist Benzin oft billiger. Unter der Website clever-tanken.de finden Sie die günstigste Tankstelle in Ihrer Gegend.				
Bilden Sie eine Fahrgemeinschaft zu Ihrer Arbeit. Dadurch sparen Sie mehrere Hundert Euro pro Jahr.				
Bei einer längeren Fahrt können Sie auch prüfen, ob es nicht eine kostengünstige Mitfahrgelegenheit gibt. Informieren Sie sich bei Mitfahrzentralen.				
Wenn Sie in der Stadt wohnen, können Sie für sich auch Carsharing-Angebote prüfen.				
Prüfen Sie bei längeren Fahrten, ob nicht andere Verkehrsmittel günstiger sind. Z. B. eine Bahnreise zu Sonderkonditionen.				
Kontrollieren Sie vor allem nach einem Auto-Neukauf den Kraftstoffverbrauch Ihres Autos u. vergleichen diesen mit den Angaben des Herstellers. Vom ADAC gemessene Verbräuche finden Sie unter www.adac.de/ecotest.				
Vielfahrer fahren günstiger mit Diesel. Prüfen Sie, ob bei Ihrer jährlichen Fahrleistung sich nicht ein Dieselmotor rentiert.				
Gehen Sie bei Autobahnausfahrten rechtzeitig vom Gas. Ihr Auto kann bis 1 km ausrollen.				
Vermeiden Sie Autofahren mit Vollgas.				
Halten Sie Abstand zum Auto, das vor Ihnen fährt, sodass Sie, wenn dieses Auto die Geschwindigkeit verringert, nicht gleich bremsen müssen. Beachten Sie den Sicherheitsabstand.				
Lassen Sie Ihr Auto regelmäßig warten.				

Sparpotenziale Kommunikation

Bei den Ausgaben von Privathaushalten für Kommunikation gibt es ungefähr seit der Jahrtausendwende zunehmende Verschiebungen bei den Einzelausgaben. Die heutigen Ausgabenschwerpunkte werden von folgenden bedeutenden Aspekten geprägt:

- Die Ausgaben für die Telekommunikation sind in der Regel der größte Posten in diesem Ausgabenbereich.
- Die Ausgaben für die Telekommunikation werden zunehmend auch von den Kindern und Jugendlichen in den Familien beeinflusst.

Telekommunikation ist aus unserem und mit Sicherheit auch aus Ihrem Leben nicht mehr wegzudenken. Bei den vielen und manchmal auch unübersichtlichen Angeboten bei Festnetzanschlüssen, beim Internet und beim Mobilfunk ist es wichtig, dass Sie sich gründlich informieren. Welche Tarife sind für Ihren Haushalt und für Ihre Familie die richtigen? Diese Frage sollten Sie zusammen mit Ihren Familienmitgliedern beantworten. Die Einbeziehung Ihrer Kinder ist bei diesem Thema sehr wichtig.

Die Betreibergesellschaften für Mobilfunk werben für ihre Verträge mit kostenlosen oder kostengünstigen Handys. Doch nur weil es das schicke Handy auf den ersten Blick kostenlos gibt, muss der damit verbundene Vertrag nicht kostengünstig sein. Vor Vertragsabschluss sollten Sie zum Beispiel zusammen mit Ihren Kindern die Gesamtkosten für das neue Handy ermitteln. Die Gesamtkosten pro Jahr setzen sich in der Regel aus dem Handypreis, den Grundgebühren und den Gesprächskosten zusammen. Erst wenn Sie diese Gesamtkosten kennen, können Sie Vergleiche anstellen und sich Alternativen überlegen.

Das Handy und das Internet bieten Ihren Kindern tolle Möglichkeiten, die Welt zu entdecken. Allerdings lauern dort auch Gefahren. Schaffen Sie bei Ihren Kindern ein Bewusstsein für die Gefahren und Schattenseiten der modernen Telekommunikation. Bei den ersten Surfversuchen sollten Sie unbedingt dabei sein. Für den Anfang empfehlen Experten Filterprogramme, die nur bestimmte Webseiten und Suchmaschinen freigeben. Mit zunehmendem Alter können Sie den Zugriff auf das Netz generell erlauben und nur noch problematische Angebote blockieren.

Sparpotenziale Kommunikation   TopFitHaushalt

Telekommunikation

Beschreibung Sparpotenzial	Realisierung			
	NR	N	J	Termin
Sparen Sie beim Telefonieren durch Call by Call. Das ist die bekannteste Art, mit anderen Telefongesellschaften als der Telekom zu telefonieren. Vor jedem Anruf können Sie überlegen, welche sogenannte Sparvorwahl Sie nutzen wollen. Dabei sollten Sie beachten, dass für jedes Gesprächsziel u. jede Uhrzeit andere Tarife gelten. In Ihrer Tageszeitung oder im Internet finden Sie günstige Tarife.				
Vermeiden Sie möglichst kostenpflichtige Sonderrufnummern. Diese Sonderrufnummern sind in der Regel relativ teuer.				
Vermeiden Sie möglichst, die Auskunft der Telekom anzurufen. Dieser Servicedienst der Telekom ist relativ teuer. Das Internet bietet Ihnen eventuell billigere Auskünfte.				
Nutzen Sie Flatrate-Angebote, wenn Sie viel telefonieren oder im Internet surfen.				
Wenn Sie mehr als 2,5 Stunden monatlich mit dem Handy telefonieren, bietet sich ein Vertrag mit höherer Grundgebühr u. niedrigen Gesprächsgebühren an.				
Telefonieren Sie mit Ihrem Handy wenig u. wollen nur erreichbar sein, sollten Sie einen Vertrag mit einer niedrigen Grundgebühr u. höheren Gesprächsgebühren abschließen.				
Berechnen Sie vor Vertragsabschluss immer die Gesamtkosten Ihres Handys, bestehend aus dem Handypreis, der Grundgebühr u. den Gesprächskosten.				
Prüfen Sie, ob sich bei Ihnen überhaupt ein Handyvertrag lohnt. Prepaid-Tarife sind so günstig wie nie. Bei den günstigsten Anbietern zahlen Sie nur 7,5 ct pro Minute u. SMS.				
Grundsätzlich sollten Sie sich in Ihrer Familie bei der Telekommunikation für einen gemeinsamen Anbieter entscheiden. Gespräche zwischen unterschiedlichen Anbietern sind teurer.				

Sparpotenziale Kommunikation

TopFitHaushalt

Telekommunikation und Bücher

Beschreibung Sparpotenzial	Realisierung			
	NR	N	J	Termin
Verhandeln Sie hartnäckig bei einer eventuellen Verlängerung Ihres Handy-Vertrages. Mobilfunkanbieter lassen sich eine ganze Menge einfallen, um Kunden weiterhin zu binden. Wenn Sie kein neues Handy brauchen, erhalten Sie in vielen Fällen eine hohe Belohnung in Form einer Gutschrift oder es wird Ihnen zeitweise die Grundgebühr erlassen.				
Wenn Sie nicht von einer hohen Mobilfunk-Rechnung überrascht werden wollen, sollten Sie und Ihre Kinder mit Prepaidkarten telefonieren.				
Verwenden Sie Apps nicht blind u. ungeprüft, obwohl viele kostenlos sind oder nur sehr wenig kosten. Die Apps-Anbieter speichern für Werbezwecke Ihre Daten. Die Anbieter wissen dann, welche Apps auf Ihrem Handy sind, in welchem Land Sie sich befinden u. welches Alter u. Geschlecht Sie haben.				
Installieren Sie nur Apps aus üblicherweise verlässlichen Quellen, also den offiziellen App-Stores der mobilen Betriebssysteme.				
Beachten Sie die Prüfergebnisse der »Stiftung Warentest« hinsichtlich Apps.				
Für Ihre Apps-Recherchen können Sie die Online-Datenbank des TÜV Rheinland für geprüfte Apps nutzen.				
Kaufen Sie oft relativ teure Sachbücher oder Fachbücher? Online-Buchhändler bieten Ihnen gut erhaltene, gebrauchte Bücher bis zu 50% billiger an.				
Prüfen Sie den Kauf eines E-Book-Readers. Elektronische Bücher sind deutlich billiger als gedruckte Bücher.				
Tipp: Nutzen Sie für Ihre Vergleiche von Telekommunikationsangeboten das Internet. Die Websites von teltarif, telespiegel u. verivox liefern Ihnen wichtige Entscheidungshilfen.				

Sparpotenziale persönliche Ausstattung

Der Durchschnittshaushalt in Deutschland gibt im Jahr rund 900 Euro für Kleidung aus. Mehr als die Hälfte dieser Summe, nämlich 460 Euro, wandert davon für Frauenkleidung in die Ladenkassen und nur 240 Euro für Männerkleidung. Nach dieser Statistik gibt ein Durchschnittshaushalt für Strümpfe, Handschuhe, Mützen und sonstiges Bekleidungszubehör etwa 120 Euro aus. Bei einer Familie mit zwei Kindern summieren sich die Ausgaben für Kleidung auf etwa 1.500 Euro pro Jahr. Unter Einbeziehung von Schuhen steigt dieser Betrag auf rund 2.000 Euro.

Die Redensart »Kleider machen Leute« ist alt. Bereits in der Mitte des 16. Jahrhunderts wird sie in einer Erzählung verwendet. Der Inhalt: *Ein Gelehrter geht in seinem Alltagsgewand über den Markt. Keiner grüßt ihn. Er macht die Probe aufs Exempel und geht denselben Weg noch einmal, aber im Festgewand. Und jeder zieht den Hut vor ihm.* Diese Redensart hat die Bedeutung von »gepflegte, gute Kleidung fördert das Ansehen«. Diese Aussage gilt auch noch in unserer heutigen Zeit.

Unser Einkaufsverhalten bei Kleidung, Schuhen und Accessoires hat sich in den letzten Jahren gravierend verändert. Vorbei sind die Zeiten, in denen wir unsere Kleidung überwiegend im klassischen Einzelhandel gekauft haben. Heute kaufen wir unsere persönliche Ausstattung immer häufiger im Internet. Onlineshops bieten uns selbst Markenkleidung zu günstigen Preisen an. Auch in Supermärkten werden uns relativ billige Kleidung, Schuhe und Accessoires angeboten. Unser Einkaufsverhalten wird heute auch deutlich stärker von unseren Kindern beeinflusst als früher.

Geld sparen ist immer gut, und wenn das noch beim Kauf von angesagter Mode möglich ist, dann sollten Sie zugreifen. Inzwischen gibt es zahlreiche Möglichkeiten, um bei Kleidung, Schuhen und Accessoires Geld zu sparen. Um die vielen Möglichkeiten wirklich für Sie und für Ihren Haushalt zu nutzen, müssen Sie sich über aktuelle Sonderangebote im Internet und auch bei anderen Anbietern informieren. Durch den harten Wettbewerb bei der Kleidung können Sie auch ökologisch hergestellte Kleidung relativ günstig erwerben. Damit unterstützen Sie eine nachhaltige Produktion und eine gerechte Entlohnung der Arbeiter sowie die Einhaltung von Sozialstandards.

Sparpotenziale persönliche Ausstattung   TopFitHaushalt

Kleidung, Schuhe und Accessoires

Beschreibung Sparpotenzial	\multicolumn{4}{c}{Realisierung}
	NR	N	J	Termin
Achten Sie auf Aktionswaren in den Supermärkten. Kleidung, Schuhe sowie Accessoires werden häufig zu besonders günstigen Preisen angeboten.				
Kaufen Sie vorwiegend im Sommer- oder Winterschlussverkauf. Vergleichen Sie aber trotzdem die Preise, nur weil es Schlussverkauf heißt, muss es nicht unbedingt günstig sein.				
Verfolgen Sie die Sonderangebote Ihres Einzelhändlers. Im Rahmen von Sonderaktionen werden z. B. saftige Rabatte gewährt.				
Achten Sie auf Sonderangebote Ihres Versandhändlers.				
Verfolgen Sie die regelmäßigen Aktionen der Onlineshops. Sie locken regelmäßig neue Kunden mit saftigen Rabatten. Nicht selten bieten Onlineshops, insbesondere Markenkleidung, zu besonders günstigen Konditionen an.				
Informieren Sie sich regelmäßig auch bei Discountern für Kleidung, Schuhe und Accessoires.				
Bei Fabrikverkäufen u. in Outlet-Center können Sie in der Regel besonders günstig einkaufen.				
Verzichten Sie so oft wie möglich auf relativ teure Markenkleidung. Hier bezahlen Sie den Markennamen mit.				
Sprechen Sie mit Ihren Kindern u. erläutern Ihnen, warum es nicht immer die z. Z. angesagte Markenkleidung sein muss.				
Prüfen Sie auch die Angebote von Secondhandläden. Wenn Sie Kinder haben, kann das eine wirklich günstige Einkaufsmöglichkeit sein. Die Kleidung ist in diesen Läden meist tadellos u. nur wenig getragen. Die Kleidung kostet in der Regel nur die Hälfte. Auch Markenartikel u. Designerstücke lassen sich manchmal sehr günstig erwerben.				

Sparpotenziale Versicherungen

Über 2.100 Euro gibt jeder Deutsche durchschnittlich laut Bund der Versicherten pro Jahr für private Versicherungen aus – inklusive Säuglinge und Rentner. Im Schnitt befinden sich sechs Policen im Versicherungsordner. Verbraucherschützer warnen vor der paradoxen Situation, dass viele Familien zwar mit Verträgen tendenziell überversorgt, aber dennoch 90 Prozent aller Haushalte falsch oder unterversichert sind.

Versicherungen sind wie Maßanzüge: Nur individuell angepasst sitzen sie perfekt. Wie bei Ihrer Kleidung sollten Sie Ihren Versicherungsanzug bzw. Ihr Versicherungsgewand selbst nach Ihren Vorstellungen und Bedürfnissen wählen. Dies ist jedoch nicht einfach, denn das Versicherungsangebot ist riesig. Zusätzlich sind innerhalb der einzelnen Versicherungssparten die Tarife häufig relativ unübersichtlich und schlecht vergleichbar. Informieren Sie sich regelmäßig bei unabhängigen Stellen, wie zum Beispiel den Verbraucherzentralen. Lesen Sie Sonder- bzw. Spezialhefte von »Stiftung Warentest« oder »Öko-Test«. So erhalten Sie ein wertvolles Basiswissen hinsichtlich Versicherungen.

Sich richtig zu versichern und dabei Geld zu sparen ist gar nicht so schwer. Bei der Auswahl und dem Zusammenstellen Ihrer Versicherungen sollten Sie folgendermaßen vorgehen:

- Sichern Sie unbedingt Risiken ab, deren Eintritt ein finanzielles Desaster für Sie hervorrufen könnte. So ist zum Beispiel die Absicherung eines Darlehens für Ihren Hausbau durch eine Risikolebensversicherung ein absolutes »Muss«.
- Lassen Sie Risiken, deren Eintritt einen verkraftbaren Verlust bedeutet, möglichst unversichert.
- Stellen Sie vor jedem Vertragsabschluss einen Preis-Leistungs-Vergleich an.

Bei Gesprächen mit Versicherungsvertretern bzw. mit Versicherungs-vermittlern sollten Sie bedenken, dass deren Ratschläge davon geprägt sein können, dass sie eine Provision für deren Abschluss bekommen. Lassen Sie Ihren Versicherungsbedarf anbieterunabhängig von einer Verbraucherzentrale bewerten. Eine derartige Bewertung kostet sehr wenig.

Sparpotenziale Versicherungen

TopFitHaushalt

Versicherungen

Beschreibung Sparpotenzial	Realisierung			
	NR	N	J	Termin
Erfassen Sie jährlich alle Ihre Versicherungen u. bewerten Sie alle Ihre Versicherungen mit einem Formular ähnlich dem folgenden Formularmuster. Realisieren Sie konsequent Sparpotenziale bei Ihren Versicherungen.				
Informieren Sie sich regelmäßig mit Sonderheften Versicherungen von »Stiftung Warentest« oder »Öko-Test«.				
Lassen Sie sich, wenn Sie es für notwendig erachten, von Verbraucherstellen beraten.				
Achten Sie darauf, dass Sie bestimmte Risiken nicht doppelt versichern. Eine Fahrradversicherung kann z. B. Bestandteil einer Hausratversicherung sein.				
Kündigen Sie in Verbindung mit Ihrer jährlichen Versicherungsbewertung Versicherungen, die aktuell nicht oder nicht mehr in dieser Form notwendig sind.				
Schließen Sie Versicherungslücken, wenn Sie solche bei Ihrer regelmäßigen Versicherungsbewertung feststellen.				
Bei den Kfz-Haftpflichtversicherungen herrscht ein großer Wettbewerb. Vergleichen Sie jährlich Ihre Versicherung mit anderen Anbietern. Da der Wechsel zu einem anderen Versicherer sehr einfach und mit wenig Zeitaufwand verbunden ist, sollten Sie diese Möglichkeit des Geldsparens nutzen.				
Beachten Sie die regelmäßigen Versicherungsvergleiche von »Stiftung Warentest« und »Öko-Test«. Bei den Testsiegern können Sie unbesorgt Verträge abschließen u. Geld sparen, indem Sie zu teure Policen ersetzen.				
Im Internet gibt es praktische Vergleichsplattformen für Versicherungstarife. Nutzen Sie diese Möglichkeit für Ihren regelmäßigen Versicherungscheck. Sehr wichtig: Nicht nur auf den Preis, sondern auch auf die Bedingungen achten.				

Sparpotenziale Versicherungen   TopFitHaushalt

Bewertung Versicherungen (Beispiel)   Datum:

Versicherungsbenennung	Notwendig		Sparpotenzial		
	Ja	Nein	Ja	Nein	Termin
Gesetzliche Krankenversicherung	x			x	
Private Krankenversicherung					
Kfz-Haftpflichtversicherung	x		x		00.00.00
Kfz-Teilkaskoversicherung	x		x		00.00.00
Kfz-Vollkaskoversicherung		x			
Kfz-Insassen-Unfall-Versicherung		x			
Gebäudeversicherung Feuer	x			x	
Gebäudeversicherung Sturm u. Hagel	x		x		00.00.00
Gebäudeversicherung Leitungswasserschäden		x			
Hausratversicherung	x			x	
Glasversicherung		x			
Private Haftpflichtversicherung	x			x	
Berufsunfähigkeitsversicherung	x			x	
Unfallversicherung		x			
KV-Zusatzversicherung Krankenhaus Mann	x			x	
KV-Zusatzversicherung Krankenhaus Frau	x			x	
KV-Zusatzversicherung Zahnersatz Mann	x		x		00.00.00
KV-Zusatzversicherung Zahnersatz Frau	x		x		00.00.00
PV-Zusatzversicherung Pflegetagegeld Mann	x			x	
PV-Zusatzversicherung Pflegetagegeld Frau	x			x	
Krankentagegeldversicherung Mann		x			
Krankentagegeldversicherung Frau		x			
Rechtsschutzversicherung	x		x		00.00.00
Kapitallebensversicherung		x			
Risikolebensversicherung	x			x	
Ausbildungsversicherung Kind		x			
Private Rentenversicherung	x		x		00.00.00
Riester-Rente	x			x	
Rürup-Rente		x			

Sparpotenziale Freizeit

Ihre Freizeit können Sie in der Regel nach Ihren Wünschen und Neigungen selbst gestalten. Folgende wichtigen Punkte werden auch bei Ihnen bei Ihrer Freizeitgestaltung im Vordergrund stehen:

- Ihre Erholung von beruflichen und sonstigen Anstrengungen und Belastungen sowie Abbau von ungesundem Stress
- gemeinsame Familienaktivitäten
- die Pflege von Freundschaften und sozialen Kontakten
- die Ausübung Ihrer Hobbys
- Ihre persönliche Entfaltung
- Ihre Gesundheit und Fitness
- Ihre ehrenamtlichen Tätigkeiten

Es ist sehr wichtig, dass Sie eine klare Vorstellung haben, wie Sie Ihre Freizeit gestalten wollen. Gerade in der heutigen Zeit, in der wir geradezu mit Freizeitangeboten überschwemmt werden, ist diese klare Vorstellung von Ihrer eigenen Freizeitgestaltung uneingeschränkt notwendig.

Denken Sie nicht nur an den nächsten Sommer- oder Winterurlaub, wenn Sie über Ihre Freizeitgestaltung nachdenken. Nutzen Sie ganz bewusst jede Minute und Stunde während des Tages und während der Woche für Ihre Freizeitgestaltung. Die heutige Freizeitindustrie will ständig Ihre Freizeitgestaltung beeinflussen. Diesen vielfältigen Angeboten können Sie nur widerstehen, wenn Sie genau wissen, was für Sie wichtig ist.

Bei Ihrer Freizeitgestaltung können Sie nicht nur bei Ihrem Urlaub Geld sparen, sondern auch bei Ihren Aktivitäten für Ihre Gesundheit und Fitness. Um Ihre Gesundheit und Fitness zu fördern, müssen Sie nicht Mitglied eines Fitnesscenters werden. Dieses Geld können Sie sparen, wenn Sie in Ihren Tages- und Wochenablauf Übungen und Trainings einbauen, die Sie zu Hause in Ihren Räumen und im Freien durchführen können. Die Gesundheitsmethode KOMPASS fürs LEBEN ist zum Beispiel eine einzigartige Möglichkeit, um Ihre physische, mentale und psychische Gesundheit zu fördern. Mit dieser Gesundheitsmethode können Sie nicht nur Ihre Widerstandsfähigkeit gegen Stress, Burnout, Depression und Demenz stärken, sondern auch Ihre Konzentrationsfähigkeit und Gedächtnisleistung verbessern.

Sparpotenziale Freizeit   TopFitHaushalt

	Realisierung			
Beschreibung Sparpotenzial	NR	N	J	Termin
Nutzen Sie bei Urlaubsreisen u. sonstigen Reisen Frühbucherrabatte. Diese gibt es bei Reiseveranstaltern, bei Flugreisen u. auch bei der Bahn.				
Prüfen Sie, ob sich eine Last-minute-Reise für Sie lohnt. Vergleichen Sie unbedingt die angebotenen Leistungen.				
Prüfen Sie, ob eine Flugreise von einem anderen Flughafen günstiger ist. Die Fahrt zu einem anderen Flughafen kostet zwar etwas, doch dafür ist der Flug eventuell 20% billiger.				
Vergleichen Sie vor Antritt Ihrer Reise mehrere Reisekataloge. Oft verkaufen mehrere Veranstalter die gleiche Reise mit zum Teil deutlichen Preisunterschieden.				
Was erwarten Sie von Ihrem Urlaub? Prüfen Sie, ob z. B. ein Urlaub mit einer langen Flugreise notwendig ist, um Ihre Erwartungen zu erfüllen. Vielleicht reicht auch ein Urlaub im eigenen Land.				
Fördern Sie Ihre Gesundheit und Fitness mit einem Training u. mit Übungen, die Sie zu Hause absolvieren können. So können Sie sich vielleicht eine teure Mitgliedschaft in einem Fitnesscenter ersparen.				
Wenn Sie ein Fitnesscenter nutzen wollen, vergleichen Sie verschiedene Angebote. In vielen Fällen gibt es deutliche Preisunterschiede u. unterschiedliche Nutzungsbedingungen.				
Nutzen Sie Online-Buchhändler für Ihre Buchbestellungen.				
Kaufen Sie oft relativ teure Sachbücher oder Fachbücher? Online-Buchhändler bieten Ihnen gut erhaltene, gebrauchte Bücher bis zu 50 % billiger an.				
Prüfen Sie den Kauf eines E-Book-Readers. Elektronische Bücher sind deutlich billiger als normale Bücher.				

Bewertung Geldsparprogramm

Das Besondere bei dem **Geldsparprogramm** Privathaushalte ist, dass Sie die Umsetzung Ihres Geldsparprogrammes bewerten können. Diese Bewertung können Sie einfach und schnell durchführen. Sie erhalten ein transparentes und aussagefähiges Bewertungsergebnis. Für einen kontinuierlichen und erfolgreichen Verbesserungsprozess ist eine derartige Bewertungsmöglichkeit eine sehr wichtige Voraussetzung.

Den Umsetzungsgrad Ihres Geldsparprogrammes können Sie anhand des Formulars »**Bewertung** Geldsparprogramm« feststellen. Bei allen Bewertungskriterien können Sie sich jeweils die Frage stellen: Wie habe ich bzw. wie haben wir die einzelnen Sparpotenziale bereits genutzt und umgesetzt? Ihre Fragen können Sie durch Ankreuzen mit einer »Schulnote« beantworten.

Bewertungsablauf:

- Bei den Bewertungsthemen, die sich aus Unterkriterien zusammensetzen, bewerten Sie zuerst die Unterkriterien.
- Die Gesamtbewertung eines Bewertungsthemas ergibt sich aus dem Durchschnittswert der Unterkriterien.
- Die Gesamtbewertung des Umsetzungsgrades Ihres Geldsparprogrammes ergibt sich aus dem Durchschnittswert aller Bewertungsthemen.

Den errechneten Durchschnittswert bei den einzelnen Bewertungsthemen und bei der Gesamtbewertung können Sie durch Ankreuzen einer »Schulnote« dokumentieren. Alternativ können Sie den errechneten Wert als Zahl in das Schulnotenfeld eintragen.

Ihre Bewertung zeigt Ihnen Ihren aktuellen Stand bei der Umsetzung Ihrer Sparpotenziale. Sie zeigt Ihnen auch, wo Sie noch weitere Sparpotenziale nutzen können. Ihre Bewertung sollten Sie gemeinsam mit Ihren Haushalts- bzw. Familienmitgliedern durchführen. Wenn Sie diese Bewertungen zum Beispiel jährlich erstellen, haben Sie eine transparente und aussagefähige Basis für Ihre weiteren Verbesserungsmaßnahmen. Mit diesem Vorgehen werden Sie kontinuierlich und gezielt Geld sparen.

Bewertung Geldsparprogramm　　　　　　　　　　　**TopFitHaushalt**

Name:　　　　　　　　　　　　　　　　　　　　　　　　Datum:

Ankreuzen entsprechend Schulnoten.

1	2	3	4	5	6

Von Profis lernen

Plattformstrategie
Gleichteilestrategie
Kanban-System
Benchmarking
Kontinuierliche Verbesserung
Individuelle Gesundheitsförderung
Verhaltenskodex

Visuelle Lagerhaltung

Ständige Verbesserung

Benchmarking

Budgetplanung

Haushaltsbuch

Sparpotentiale Wohnen

Heizenergiekosten
Stromkosten
Wasserkosten
Haushaltsgeräte

Sparpotentiale Einkauf

Einkaufssortiment
Lebensmittel
Körperpflege
Wasch- und Reinigungsmittel
Süßwaren

Sparpotentiale Mobilität

Sparpotentiale Kommunikation

Sparpotentiale persönliche Ausstattung

Sparpotentiale Versicherungen

Sparpotentiale Freizeit

Gesamtbewertung

Setzen Sie sich motivierende Ziele

Mit dem folgenden Formular »**Zielplanung** Geldsparprogramm« können Sie planen, welche »Schulnoten« Sie in einem Jahr und in fünf Jahren bei den einzelnen Bewertungsthemen und Bewertungskriterien erreichen wollen. Ihre erste »**Bewertung** Geldsparprogramm« ist die Basis für Ihre Zielplanung. Diese Zielplanung sollten Sie jährlich im Rahmen Ihres Ständigen Verbesserungsprozesses gemeinsam mit Ihren Haushaltsmitgliedern durchführen.

Setzen Sie sich motivierende Ziele bei Ihrer kurz- und mittelfristigen Zielplanung. Lesen Sie in Verbindung mit Ihrer jährlichen Zielplanung immer wieder Ihr Buch »**Geldsparprogramm** Privathaushalte« gründlich durch. Planen Sie gemeinsam mit Ihren Haushaltsmitgliedern, welche zusätzlichen Sparpotenziale Sie in Ihrer nächsten Verbesserungsperiode umsetzen wollen. **Entdecken Sie zum Beispiel in Ihrer Tageszeitung, in anderen Publikationen oder auch in Fernsehsendungen weitere Sparpotenziale für Ihren Haushalt, so notieren Sie diese in Ihren Sparpotenzial-Listen.**

Ihre kurz- und mittelfristigen Ziele sind Etappenziele und Wegweiser mit Kompassfunktion, die dafür sorgen, dass Sie nicht von Ihrem Weg der Ständigen Verbesserung abkommen. Freuen Sie sich über jedes erreichte Etappenziel und genießen Sie diesen Erfolg. Ihre regelmäßige gemeinsame Bewertung, wie Sie Ihre Sparpotenziale bisher umgesetzt haben und Ihre wiederkehrende Zielplanung sind besonders lehrreich und wertvoll für Ihre Kinder. Sie lernen die Ausgabenstruktur und die Ausgabenschwerpunkte Ihres Haushalts bzw. Ihrer Familie immer besser kennen. Mit diesem Wissen werden sich Ihre Kinder nicht nur bei der Realisierung Ihrer Sparpotenziale beteiligen, sondern auch Ihre eigenen Ausgaben hinterfragen.

Mit dem gemeinsamen Umsetzen Ihres Geldsparprogrammes steigern Sie Ihre Lebenszufriedenheit und die Lebenszufriedenheit Ihrer Haushaltsmitglieder. Sie werden immer besser erkennen, auf welche Ausgaben Sie verzichten können, ohne dass Ihre Lebenszufriedenheit beeinträchtigt wird. Sie und auch Ihre Kinder werden sich darüber freuen, dass Sie sich nicht von raffinierten Werbeaktionen beeinflussen lassen. Sie werden sich auch darüber freuen, dass Sie Ihre Ausgaben selbst detailliert steuern können.

Zielplanung Geldsparprogramm   **TopFitHaushalt**

Name: Datum:

	Aktueller Stand	Ziel 12 Monate	Ziel 5 Jahre
Ankreuzen entsprechend Schulnoten.	1 2 3 4 5 6	1 2 3 4 5 6	1 2 3 4 5 6
Von Profis lernen			
Plattformstrategie			
Gleichteilestrategie			
Kanban-Systen			
Benchmarking			
Kontinuierliche Verbesserung			
Individuelle Gesundheitsförderung			
Verhaltenskodex			
Visuelle Lagerhaltung			
Ständige Verbesserung			
Benchmarking			
Budgetplanung			
Haushaltsbuch			
Sparpotentiale Wohnen			
Heizenergiekosten			
Stromkosten			
Wasserkosten			
Haushaltsgeräte			
Sparpotentiale Einkauf			
Einkaufssortiment			
Lebensmittel			
Körperpflege			
Wasch- und Reinigungsmittel			
Süßwaren			
Sparpotentiale Mobilität			
Sparpotentiale Kommunikation			
Sparpotentiale persönliche Ausstattung			
Sparpotentiale Versicherungen			
Sparpotentiale Freizeit			
Gesamtbewertung			

Verbesserungsmaßnahmen

Wie bereits beschrieben, können Sie mit dem Formular »**Zielplanung** Geldsparprogramm« Ihre kurz- und mittelfristigen Ziele in Form von »Notenverbesserungen« planen. Mit dem folgenden Formular »**Verbesserungsmaßnahmen** Geldsparprogramm« können Sie im Detail definieren, mit welchen Verbesserungsmaßnahmen Sie Ihre Notenverbesserungen realisieren wollen. Ihre »**Zielplanung** Geldsparprogramm« und Ihre »**Verbesserungsmaßnahmen** Geldsparprogramm[a]« gehören bei Ihrer Verbesserungsplanung zusammen.

Im Rahmen Ihres Ständigen Verbesserungsprozesses und in Verbindung mit Ihrer jährlichen Bewertung der durchgeführten Maßnahmen sowie Ihrer neuen Zielplanung besprechen Sie zusammen mit Ihren Haushaltsmitgliedern die aktuelle Situation bei der Umsetzung Ihrer Verbesserungspotenziale und planen gemeinsam die Notenverbesserungen bei den einzelnen Ausgabenbereichen. Sehr wichtig ist, dass Sie dokumentieren, mit welchen Verbesserungsmaßnahmen Sie diese Notenverbesserungen erreichen wollen.

Wollen Sie zum Beispiel bei den Sparpotenzialen Einkauf Ihre Note bei dem Einzelkriterium »Einkaufssortiment« von 4 auf 2 verbessern, könnten Sie beschließen, durch Ihre »Plattformstrategie« und Ihre »Gleichteilestrategie« Ihr Einkaufssortiment **Standardprodukte** weiter zu reduzieren bzw. zusammenzufassen. Gleichzeitig könnten Sie gemeinsam mit Ihren Haushaltsmitgliedern vereinbaren, dass Sie die Anzahl Ihrer **Sonderprodukte** weiter verringern.

Bei diesen gemeinsamen Verbesserungsplanungen sollten Sie auch immer festlegen, wer für die Umsetzung der einzelnen Notenverbesserungen und den dazugehörenden Verbesserungsmaßnahmen verantwortlich ist. Mit dieser Vorgehensweise können Sie sehr gezielt und ganz konkret alle Ihre Haushaltsmitglieder bei Ihrem Geldsparprogramm einbeziehen. Besonders bei Ihren Kinder wird sich das positiv auswirken. Wenn Ihre Kinder die eine oder andere Verbesserungsmaßnahme verantwortlich übernehmen, werden sie daraus viel lernen. Sie werden aufgrund Ihres Detailwissens bei den Ausgaben immer öfter eigene Sparpotenziale entdecken und in Ihre Gesamtplanung einbringen.

Bewertung Geldsparprogramm TopFitHaushalt

Name: Datum:

	Verbesserungsmaßnahmen
Von Profis lernen	
Plattformstrategie	
Gleichteilestrategie	
Kanban-Systen	
Benchmarking	
Kontinuierliche Verbesserung	
Individuelle Gesundheitsförderung	
Verhaltenskodex	
Visuelle Lagerhaltung	
Ständige Verbesserung	
Benchmarking	
Budgetplanung	
Haushaltsbuch	
Sparpotentiale Wohnen	
Heizenergiekosten	
Stromkosten	
Wasserkosten	
Haushaltsgeräte	
Sparpotentiale Einkauf	
Einkaufssortiment	
Lebensmittel	
Körperpflege	
Wasch- und Reinigungsmittel	
Süßwaren	
Sparpotentiale Mobilität	
Sparpotentiale Kommunikation	
Sparpotentiale persönliche Ausstattung	
Sparpotentiale Versicherungen	
Sparpotentiale Freizeit	

Investieren Sie in Ihre Zukunft

Unternehmen sind heute einem harten, teilweise globalen Wettbewerb ausgesetzt. Um in diesem Wettbewerb zu bestehen, müssen sie sich kontinuierlich verbessern. Unter dem Kapitel »Von Profis lernen« wurden folgende Methoden und Instrumente vorgestellt, mit denen Unternehmen ihre Wettbewerbsfähigkeit sicherstellen:

- Plattformstrategie
- Gleichteilestrategie
- Kanban-System
- Benchmarking
- Kontinuierliche Verbesserungsmaßnahmen
- Betriebliche Gesundheitsförderung
- Verhaltenskodex

Mit diesen Methoden und Instrumenten optimieren Unternehmen ihre Produkte, verbessern ihre Prozesse und senken dadurch ihre Kosten. Mit dem eingesparten Geld bilden sie Rücklagen für die Zukunft. Sie investieren diese Geldmittel unter anderem in neue innovative Produkte und noch produktiver arbeitende Maschinen. Das heißt, der gesamte Verbesserungsprozess dient der Zukunftssicherung.

Von Profis lernen: Sie sind zwar mit Ihrem Haushalt und Ihrer Familie keinem globalen und harten Wettbewerb ausgesetzt, aber auch Sie sollten intensiv über Ihre Zukunft nachdenken und ganz gezielt etwas für Ihre Zukunftssicherung tun. Die in diesem Buch beschriebenen Methoden, Instrumente und Sparpotenziale sollen Ihnen helfen, Ausgaben und Geld zu sparen. Mit diesem eingesparten Geld können Sie dann Rücklagen bilden und Ihre Zukunft gestalten und absichern.

Freuen Sie sich gemeinsam mit Ihren Haushalts- und Familienmitgliedern über Ihre Erfolge bei Ihrem Geldsparprogramm. Diese gemeinsame Freude und die regelmäßigen gemeinsamen Gespräche, in Verbindung mit Ihrem Geldsparprogramm, wird Ihr Familienleben bereichern und positiv beeinflussen. Ihre Kinder werden sich als gleichberechtigte Partner und Teammitglieder bei so wichtigen Themen wie die Haushaltsausgaben und die Sparpotenziale sehen.

Nachdem Sie Ihren Erfolg bei der jährlichen Bewertung Ihres eingesparten Geldes vielleicht mit einem besonderen gemeinsamen Essen gefeiert haben, können Sie sich überlegen, wie Sie das restliche eingesparte Geld unter dem Aspekt »Investieren Sie in Ihre Zukunft« verwenden wollen.

Bankexperten empfehlen bei der Geldanlage häufig ein nach dem Anlagehorizont abgestuftes Modell. Dieses »Stufenmodell« oder auch »Terrassenmodel« besteht in der Regel aus folgenden Stufen bzw. Terrassen:

- Terrasse 1 für den laufenden Zahlungsverkehr. Abwicklung aller Ein- und Auszahlungen in Ihrem Alltag.
- Terrasse 2 als Liquiditätspolster. Rücklagen für kurzfristige Anschaffungen, Reparaturen, Urlaub usw.
- Terrasse 3 für mittelfristige Anlagen. Größere Ausgaben, die Sie für die nächsten 12 Monate planen.
- Terrasse 4 für langfristige Anlagen. Bei dieser letzten Terrasse steht Ihr Vermögensaufbau, Ihre Altersvorsorge und Ihre selbst genutzte Immobilie im Vordergrund.

Bei Investitionen in Ihre Altersvorsorge und in eine selbst genutzte Immobilie sollten Sie unbedingt alle staatlichen Hilfen und Unterstützungen nutzen. Informieren Sie sich über die verschiedenen Fördermaßnahmen des Staates. So steigern Sie die Rendite Ihrer langfristigen Anlagen. Ihre selbst genutzte Immobilie wird Ihnen ein gutes Gefühl von Unabhängigkeit und Sicherheit vermitteln. Ihr eigenes Heim hat eine relativ hohe Wertbeständigkeit und ist ein wichtiger Teil Ihrer Altersvorsorge.

Je intensiver und besser Sie Ihr Geldsparprogramm umsetzen, desto erfolgreicher können Sie die einzelnen Stufen bzw. Terrassen Ihrer Zukunftssicherung mit den nötigen Geldmitteln ausstatten. Ihr finanzielles Haushaltsfundament wird immer stabiler und tragfähiger. Sie schaffen sich so ein stabiles Finanzpolster und können auf neue Herausforderungen und Entwicklungen in Ihrem Leben reagieren. Wenn Sie bereits mit 30 bis 40 Jahren beginnen, kleine Beträge aus Ihrem Geldsparprogramm zum Beispiel für Ihre Altersvorsorge zurücklegen, werden Sie feststellen, dass diese kleinen Beträge sich über die Jahre zu beachtlichen Summen entwickeln.

Schlusswort

Der Untertitel dieses Buches lautet: Von Profis lernen! So sparen Sie über 10 Prozent Ihrer Ausgaben! Ihr Haushalt stellt ein kleines Unternehmen dar und Sie als Haushaltsmanagerin oder Haushaltsmanager führen Ihr Haushaltsunternehmen. Das ist eine sehr wichtige und anspruchsvolle Aufgabe. Unter dem Kapitel »Von Profis lernen« haben Sie erfahren, wie Sie von erfolgreichen Unternehmen lernen können. Mit den beschriebenen Methoden und Instrumenten sowie mit den aufgezeigten Sparpotenzialen können Sie gemeinsam mit Ihren Haushaltsmitgliedern Ihr Geldsparprogramm planen und umsetzen.

Ihre regelmäßigen Gespräche über Ihre Ausgaben und über Ihr Geldsparprogramm und die Realisierung Ihrer Sparpotenziale werden sich sehr vorteilhaft auf Ihr Familienleben auswirken. Anhand der Jahresverbrauchszahlen und der geringeren Verbrauchszahlen für Strom, Wasser und Heizenergie können Sie zum Beispiel den Erfolg Ihrer gemeinsamen Anstrengungen erkennen. So können Sie auf ganz praktische Weise Ihre Kinder für Energieeinsparungen, die Schonung der Umwelt und das gemeinsame Haushaltsmanagement sensibilisieren. Diese Erfahrungen werden sich bei Ihren Kinder auf Ihrem Lebensweg vorteilhaft auswirken.

Liebe Leserin, lieber Leser, machen Sie sich gemeinsam mit Ihren Haushaltsmitgliedern fröhlich und zuversichtlich auf den Weg und realisieren Sie Ihr Geldsparprogramm. Ich wünsche Ihnen bei Ihrem Haushaltsmanagement viel Freude und viel Erfolg.

Ihr Manfred Hildebrand

Die Gesundheitsmethode KOMPASS fürs LEBEN ist eine innovative, ganzheitlich orientierte Gesundheitsmethode für die individuelle und betriebliche Gesundheitsförderung. Bei der Gesundheitsmethode KOMPASS fürs LEBEN wirken Bewusstsein, Verhalten, Bewegung, Entspannung und Ernährung zusammen. Mit der Gesundheitsmethode KOMPASS fürs LEBEN und dem einzigartigen und effektiven TopFitComm Resilienztraining können Sie eine gesundheitsfördernde Lebenseinstellung und Lebensweise realisieren und Ihr Leben gesünder, glücklicher und erfolgreicher gestalten. Sie können Ihre Gesundheit immer mehr in Richtung des Gesundheitspols verschieben und werden Ihr Leben zunehmend als interessant, lebenswert und schön empfinden. Die Gesundheitsmethode KOMPASS fürs LEBEN und das einzigartige TopFitComm Resilienztraining fördern die physische, mentale und psychische Gesundheit, stärken die Widerstandsfähigkeit gegen Stress, Burnout, Depression und Demenz und verbessern die Konzentrationsfähigkeit und Gedächtnisleistung.

ISBN: 978-3-7534-2387-6